“成长·成才·成功”

红帮大讲堂

夏朝丰　编著

中国原子能出版社

图书在版编目（CIP）数据

“成长　成才　成功”红帮大讲堂 / 夏朝丰编著
. -- 北京：中国原子能出版社，2022.6
ISBN 978-7-5221-1982-3

Ⅰ. ①成… Ⅱ. ①夏… Ⅲ. ①大学生 - 德育 - 中国 - 文集 Ⅳ. ① G641-53

中国版本图书馆 CIP 数据核字 (2022) 第 115758 号

内容简介

本书属于高校校园文化品牌成果方面的编著，集结了二十多位杰出校友、技能大师的精彩讲座的内容。各位不同专业领域的专家学者和社会精英,结合自身的工作背景和人生经历，以讲故事的形式，分享了别样的人生经历和经验感悟，为在校大学生们源源不断地奉上精神食粮和成功秘钥。本书精选汇编那些智慧的点滴和真诚的话语，是一本能够帮助大学生学会感恩、学会做人、学会做事、学会做学问的人生读本，对他们的成长成才成功有一定的参考价值。

“成长　成才　成功”红帮大讲堂

出版发行	中国原子能出版社（北京市海淀区阜成路 43 号　100048）
责任编辑	王齐飞
装帧设计	河北优盛文化传播有限公司
责任印制	赵　明
印　　刷	北京天恒嘉业印刷有限公司
开　　本	710 mm×1000 mm　1/16
印　　张	11.25
字　　数	200 千字
版　　次	2022 年 6 月第 1 版　　2022 年 6 月第 1 次印刷
书　　号	ISBN 978-7-5221-1982-3
定　　价	68.00 元

编委会

序言
PREFACE

值此春光明媚、春花烂漫的美好季节，经过一段时间的酝酿准备和紧张编撰，《“成长 成才 成功”红帮大讲堂（第一辑）》终于出版与读者见面了。

《“成长 成才 成功”红帮大讲堂》是在整合学校原有“红帮大讲堂”“人文素质大讲堂”的基础上，隆重推出的旨在落实全国高校思想政治工作会议精神，紧紧围绕立德树人，推进学校“美丽校园、阳光校园、创意校园、文化校园”四个校园建设，把培育和践行社会主义核心价值观融入育人全过程，挖掘和聚合全校思想政治教育资源，打造以提高学生道德修养、文化底蕴、时政素养和创新创业本领为宗旨的全新的校园文化活动。

为做好此项工作，2016 年 3 月专门制订了活动方案，明确了由学校党委宣传部牵头负责，团委、人文学院根据工作职责结合活动内容做好协助配合的工作机制。要求提早确定讲座的人员、题目、时间，提前发布讲座信息，在讲座开始前一周进行相关活动宣传，做好人员组织工作。每期活动结束后，立即在网站、校报上做后续报道和总结工作，不仅在学校网站主页开辟活动专栏，呈现活动报道、图片风采、影像视频、原文记录，还利用校报、网络、宣传栏、微博、微信等媒体扩大影响范围，力争通过几年持续的开展、精心的组织、广泛的宣传，将其打造成为本校响当当的校园文化建设的品牌。

我们还面向全社会公开组织了“成长 成才 成功”大讲堂标识的征集，收到了来自全国各地的几十个稿件，最后经专家评审，确定了“成长 成才 成功”红帮大讲堂专属的徽标，它由“成”字、钟、人形等多种抽象元素组合构成。徽标整体恰似“钟”的造型，同时将“成”字巧妙融入其中，突出“成长 成才 成功”红帮大讲堂主题。“钟者，代表知识与智慧的传播，寓意“成长 成才成功"红帮大讲堂的举办理念。图案整体犹如两个团结的人形，象征着团结、智慧、力量的凝结，象征本校师生同心同德、开拓进取的新时代精神。徽标沉稳大气，有强烈的形式美感和视觉传播力，充分展现了红帮大讲堂的特色与内涵，预示着大讲堂的影响力如晨钟浩荡，影响深远。

自2018年4月举办"成长 成才 成功"红帮大讲堂以来，至今举办了34讲。"成长 成才 成功"红帮大讲堂有两大特点：一是凸显校园文化特色。它以"故事启迪人生，奋斗成就梦想"为主题，以大学生"成长 成才 成功"为立足点，以红帮大讲堂为载体，是学校在完善校园文化建设体制机制过程中重点打造搭建的特色载体平台，彰显了红帮文化品牌建设的实践特色、创新特色、成果特色。二是突出讲述故事属性。定期邀请杰出校友、技能大师、劳动模范、企业高管、行业领导等进校园，以讲故事的形式，与师生开展对话交流，分享成长 成才 成功的经历经验和人生感悟，引导师生探求知识、陶冶情操、创新创业，厚实大学生的文化底蕴，增强干事创业本领，使之成为我校师生求学问道、涵养性情的心灵殿堂，成为广大师生探求知识、陶冶情操的精神家园。

"成长 成才 成功"红帮大讲堂已经迈出了坚实的第一步，已经在师生中深深地扎下了根，产生了良好的反响。现在，择优把25位报告人的讲稿汇编集结成册出版，希望能给广大师生和校友提供一些有益的帮助和启迪。最后，衷心祝愿"成长 成才 成功"红帮大讲堂越办越好，影响越来越大。

浙江纺织服装职业技术学院党委书记

励兴道

2022年6月

目 录
CONTENTS

“成长·成才·成功”红帮大讲堂

不忘初心，铸就匠心

陈霞娜，宁波市公交总公司36路公交车驾驶员。她始终牢记“人民公交为人民，满意没有终点站”的服务宗旨，曾被评为全国“三八红旗手”，荣获“全国劳动模范”称号、“全国五一劳动奖章”、浙江省优秀共产党员等荣誉，先后当选宁波市第十二次党代会代表，浙江省第十三次、第十四次党代会代表，党的十九大代表。

作为一名普通的公交驾驶员，今天能够来到这里和大家共同交流分享我学习党的十九大精神，以及参会的感受，就我个人来说，感到非常荣幸。今天我要跟大家分享的题目是"不忘初心，铸就匠心"。

第一点是我参加党的十九大盛会的一个感受，第二点是我二十多年公交岗位当中的工作感悟，和大家做一个分享。

参加党的十九大盛会，我有三点感受：第一点是激动自豪，第二点是鼓舞振奋，第三点是责任在肩。

先和大家分享第一个感受——激动自豪。这一次是我第二次走进人民大会堂。上一次是在 2015 年，我被评为全国劳动模范，接受表彰的时候，当时我有一种引以为傲的荣耀感。这一次，我以党代表的身份再一次走进人民大会堂，感觉到自己身上有一种不可懈怠的责任感，因为我们党代表身上，兼顾着我们全党 8900 万名党员和 450 万名基层党组织的信任和嘱托，也承载着人民群众的希望和履行自己的职责。在开幕会当天，我再一次走进雄伟的人民大会堂，万人礼堂气氛空前热烈，主席台上悬挂着中国共产党第十九次全国代表大会的徽标，徽标是由镰刀和锤子组成的，十分鲜艳的红旗分两边排列，二楼和三楼的跳台上分别悬挂着"不忘初心，牢记使命，高举中国特色社会主义伟大旗帜""决胜全面建成小康社会，夺取新时代中国特色社会主义伟大胜利，为实现中华民族伟大复兴的中国梦不懈奋斗"的横幅，会场上的布置无不体现着习近平总书记以人民为中心的发展思想，更昭示着中国特色社会社会主义迈入一个全新的时代。今年选票从传统的纸质改成了电子选票，涂写的方式也发生了变化。投赞成的不需要打任何标志，不赞成则是在后面画一横。选票从投票箱投下去后，操作系统十分钟就可以把所有的选票统计出来。2017 年 10 月 24 日，我在填写选票的过程当中几乎屏住呼吸，全神贯注，小心翼翼，本着对党和人民负责的态度，我投下了庄严的一票。我没有辜负党组织对我的信任和期望，这是我参会的第一个感受。

第二个是鼓舞振奋。在参会之前，我们浙江代表团所有的代表都接到通知，会前尽量少喝水，我真的是一口水都没敢喝，只吃了一个鸡蛋。我们总书记足足用了 3 小时 26 分钟宣读完这份 68 页的报告。报告内容之丰富，信息量之大，是我们很多代表始料未及的。报告主题鲜明，语言朴素直白。比如，报告当中所提到的"像石榴籽一样紧紧抱在一起""房子是来用来住的不是用来炒的”，让我们这些基层代表感觉到，报告接地气、有温度，都是老百姓最想听的事、最想了解的事。会后，我也是第一时间把这些有关民生的消息分享到了自己的微信朋友圈，我 1 分钟就收到了 237 条留言和点赞，这是我个人开通微信以来，点赞和留言最多最快的一次。大家都说心更宽了，底气更足了，作为党代表的我更是深受鼓舞，备感振奋。我情不自禁地用一次又一次的掌声来表达出自己愉悦的心情。总书记三个半小时的报告里响起了 71 次掌声。当时，我把每一次掌声画正字，记录在我的笔记本上，哪里鼓掌，我在原文下面哪里打上对勾。下午 16：30，新华社的报道说全场一共响起了 71 次掌声，在第 50 次的时候有我在鼓掌的照片，我真的好开心。我可以跟大家爆料，总书记在三个半小时总共喝了 4 次水，喝水的时候镜头是切开的。我们鼓掌的时间长，总书记喝水时间就可以长了一点，大家都心疼总书记三个半小时铿锵有力的站着作报告，我真的是热泪盈眶，心潮澎湃。

第三个感受就是责任在肩。十九大的报告里提到这一句话，就是我国的主要矛盾已经从人民日益增长的物质文化需要同落后的社会生产之间的矛盾，转化为人民日益增长的美好生活需要和不平衡不充分的发展之间的矛盾。对于我们交通事业来说，也是提出了一个新的要求和标准。作为一名交通人，我深切感受到党的十九大报告当中关于交通的一个论述，提出了交通强国的一个目标，意味着我们要从原来的交通大国转变为交通强国。那么，未来五年我们交通建设的目标该怎么做呢？围绕一个“转”字，做好车与专的发展。按我自己的理解，首先要让人民群众有车乘到乘好车，从挤车坐到选车坐；其次要转变服务理念，把专作为服务的一个目标，把工匠精神用到日常的服务中，提高公交服务的专业化和精细化水平，这个是我参会的三点感受。

践行“人民公交为人民”，用精益求精的匠心从小事做起，从点滴做起，为人民群众提供便捷、优质的服务，让老百姓在细微的服务中感受到党和政府的温暖，感受到公交人为人民服务的风采，用共产党员辛苦指数换来人民群众的幸福指数。我这里有三张照片，第一张是我们公交车的礼让斑马线，老百姓翘起大拇指；第二张照片我们在召开预备会议的时候，我们灵山书记代表习近平总书记，代表党中央，来到浙江代表团，受到他的亲切接见的合影；第三张照片是我们浙江代表团二十几个代表在北京首都机场，我们都非常积极自信。

接下来，我来说第二个，我的工作感悟也想从三个部分和大家做个简单的分享，第一个是用心服务，第二个是用心相伴，第三个是初心不改。

我于1993年6月进公交公司当了一名售票员。当时，8路车一位女驾驶员看似文弱，但是她驾轻就熟，自信满满，这让我非常崇拜。后来，我很幸运，我搭班的一个驾驶员就是浙江省的劳动模范，在我成长过程当中，他确确实实帮了我很多，教导我很多。后来因为公交实行无人售票，我成了一名公交驾驶员。在这二十多年的公交岗位当中，我也获得了一些荣誉。荣誉是对我工作的一个见证，所以第一颗心就是用心服务。对于工作，我是这么认为的，无论做什么工作，一定要脚踏实地，腾下心来做，一定用心来做，才会有收获。正如一名哲学家所说，没有卑微的工作，只有卑微的工作态度。就拿我自己是一名公交驾驶员来说，虽然工作岗位很普通很平凡，但是我们只要用心去做，我们的人生照样会变得很精彩。我开了22年的公交车，始终保持着零事故，车辆零抛锚、服务零投诉，安全驾驶路程超过了50万千米。现在，各个行业都在弘扬工匠精神和践行工匠精神，我们公交总公司也大力培育，充分发挥劳模工匠技师的传承作用。目前，我们公司有六个劳模技师工作室，他们中有专攻修理技术难题的、最少的燃油跑最远的路的、把简单的礼让行人做到极致的，他们在工作当中都是很普通，岗位也很平凡，但是他们用高度的责任心和工作精益求精的信念，完美践行着工匠精神。把简单的事情做到精致，我想工匠精神的精髓就在于此。就拿我自己来说，开着36路公交车单趟就有99条斑马线，来回就有将近200条的斑马线，沿途有单靠停靠32个红绿灯，来回就有60多个。作为一名公交驾驶员，我们必须要熟记于心。曾经我在跟车的时候，我们跟车师傅跟我讲过这么一句话，你对车子付出多少，车子肯定给你回报多少。第二个，我平时都会带一个笔记本，把不清楚不明白的东西记在笔记本上。我自己做了一个五星服务的意见征集卡，如果大家在坐公交的过程当中产生了对公交的优化建议，可以和我反映，以便优化后使大家在出行方面更加便捷。我开车的过程当中特别注意踩刹车踩得比较稳，让乘客有更好的乘坐体验。我在开车的时候打方向，注意怎么样打方向能够让车子减少车的离心力，还有在开车的过程当中如何操作可以让车子更加节油节电。我们现在都是电动车了。可能是性格关系吧，也是天生就有一股钻劲，这里想跟大家分享我的工作故事。原来我是开819路，这里面有一张照片，这个照片比较老，是很多年的一辆车子，也是非电动车。中午 12 点左右，我车子刚刚发车，开出去没多久，踩下油门不会动了，车子也刚好是在红绿灯的路口。当时，这条马路是双向车道的，如果我车子停在这里，马路就会被我堵住了。我发现连接油门的一个拉线断掉了，我就直接从驾驶室把凉席拿出来，直接铺在地上，整个人钻到车下面，用一根铅丝把车的油门拉线扎起来，然后把车子开到了旁边，再打电话让修理师傅赶紧来修，又让后面一辆车子早点发车，这样就不会影响别人很长时间。后来，我从驾驶员的初级考到了驾驶员的技师，有些小的故障我都可以解决，现在的车也不会抛锚了。我会在车里准备一些小的车辆配件，如果是小毛病就自己修，如果就是拧几个螺丝的事开到公司，再遇到上下班高峰期，这样也耽误大家的时间，能自己解决就自己解决，这是第一颗心。

第二颗心是有心相伴。其实在我们小小的公交的车厢里，服务是相互的，理解是相互的，尊重也是相互的。有时候，我们小小的一个举动，可能会改变一个车厢，让乘客保持一天的好心情。哪怕一个温暖的微笑，也可以拉近与乘客的距离。我们的岗位虽然很平凡，没有轰轰烈烈的事迹，但是我们在服务工作过程当中一定要学会把乘客当成亲人朋友来服务，要将心比心、以心换心，和乘客“打成一片”，就能感受在服务过程当中带来的快乐和幸福。作为女性，我们比男性更加细心。除了每天安全行车以外，我一直在思索，如何把公交这个庞然大物做得温馨和有亲切感。于是，我在公交车上放上了便民袋和便民箱，并放上一些药品、呕吐袋、水之类的。原先我在公交车上放着雨伞，后来发现还很麻烦，就换成了一次性雨具。我也会根据气候不同放上凉坐垫或棉坐垫。有时候，公交车上会有很多小孩，小孩很多都是自己回家的，学校周围都是，一些小孩最后的体育课上完把衣服脱了，然后在公交车上甩来甩去。这个时候我看见了，我会和他们说，小朋友，晚上凉了，把衣服穿上。我还在公交车上备着零钱箱。有一次，有个乘客坐公交刷卡的时候，IC 卡正好没钱，而他出来的时候也没带够钱，这时我就把零钱拿出来给他。其实，我们“五星工作法”是在 2015 年我工作 10 多年的时候归纳总结出来的一套针对不同乘客的五星工作服务。这分别是对待老年乘客要热情、细心，对待外地乘客要真诚、耐心，对待儿童乘客要爱护、关心，对待特殊乘客要照顾、爱心，对待普通乘客要和气、贴心。这是一个服务的准则，也是我从服务的点点滴滴让乘客看到我的小细节。第三颗心，这里有几张照片，是我在五星车厢的几个老乘客。第一张照片是一个老乘客，送给我的党旗。这面党旗对我来说是很感动的，我在北京参会的时候，也带着这个。这面党旗是很有意义的，而且是我公交车上的 819 公交车的老乘客，打了公交车乘客热线找到了我，在我去北京的第一天他们找到了，有十多个人把这面党旗送给我，可能大家看到过的党旗都是布做的，这是毛线缝的，而且这些都是 1982、1983 年的老党员，一个人织一块，四个人织了四块，然后周围用十字绣绣出来，中间党徽也绣出来。他们说找不到我的联系方式，在报纸上看到了我，看到我竞选给我织的。这是老人一针一针缝的，正好缝了 19 万针，也是希望我们党的十九大可以顺利召开，所以这面党旗不管去哪，我都要带去，拍照留念分享。后面一张也是 819 路的老乘客，还有一张就是我在宁波大学接受采访的时候说过，她是从幼儿园小班开始坐我的公交，现在还在读五年级，我和她认识是因为一个橘子。小姑娘是外婆接送，等公交车，那天她和外婆一起坐公交，两个人坐两个位置。这个时候有个孕妇上车了，小姑娘主动让了个座，我看到了，就拿出来一个橘子。对她说，小姑娘，你今天表现特别棒，阿姨给你一个橘子，经我表扬后，小姑娘特别开心。下午回来的时候又是我的车，我看到她的头上有一颗五角星。她就说，霞阿姨啊，你今天表扬我，我特别开心，在学校里可乖了，老师奖励我一颗五角星。今天老师教了我一首儿歌，我要唱给你听。于是，她就在公交车上唱起了歌。本来很累，一听到小姑娘唱歌，把车厢弄得很温馨，满满的感动。

第三颗心就是全心全意为人民服务，也是我们共产党员的一个宗旨。我于 2007 年 4 月 17 日入党，到这个月的 17 号我也入党 11 年了，我觉得我一个人做得好不算好，要大家都好才是真的好，所以我在我们公司的培养下，扛起了公司的培训任务，成立了以我名字为名的党代表工作室，对内进行培训。我们会为幼儿园的小朋友讲解乘车安全，也会去社区听取意见。这里有首诗，是一个老乘客写给我的，我给大家读一下：公交司机陈霞娜，和蔼可亲又善良，安全驾驶三里浪，爱党敬业人人夸，雨伞伞子真信和，爱心放满片留香，你在车上遇困难，找她一定有办法，环境整洁又优雅，交通知识细解答，扶老搀残有道德，乘客上车如到家，南北线路跨甬江，819 路架桥梁，那片阳光照车厢，共产党员树形象。

忠诚、责任、务实、上进

黄美媚，2007 年毕业于浙江纺织服装职业技术学院商学院现代物流专业。2008 年至今就职于浙江道明光学股份有限公司，从事综合人事工作。2018 年 1 月 30 日，在浙江省第十三届人民代表大会第一次会议上，黄美媚当选为全国人民代表大会代表。

今天能回到母校，站在这里见到我的老师和学弟学妹们，我感到很荣幸，也很轻松。因为人生最美好的青春岁月属于这里，是母校培养了我，我的成长离不开母校的各位老师的悉心教导。在这里，我表示深深地感谢！

我非常珍惜今天在这里的这次发言机会。在校期间，我曾参加过一次演讲比赛，是初赛，我那时候很紧张，紧张到忘词，后来就唱起了歌，我记得是《我的祖国》，然后不那么紧张了，但是初赛没有过。就这样结束了我一次勇敢的自我挑战。在学校期间，我一直表现平平，普通到会被同学遗忘、老师不会注意，是一个成绩普通、个子小小、相貌普通的女孩子。没有担任过任何职务，就连课代表也没有当过。我居然有一天能当全国人大代表，在此之前我没有任何职务。我想这样的开场白会让各位老师和同学好奇这个人怎么会被挑选为全国人大代表呢？我就是个普普通通的人，却在经历着我一辈子不敢想的事，这是我的中国梦。不敢想但已经发生的事实。

一、我的“两会”故事

我是 2018 年 1 月 30 日得知当选全国人大代表的，当时我紧张、不知所措，这个代表我该怎么当？我在百度上找上一届的全国人大代表杨晓霞，因为她也是工人代表，无意中看到她的履历中也是我们学校的学生。我当时很激动，就马上联系吴允刚老师，通过吴老师联系到商学院的李书记，再联系到王梅珍校长，之前我已知道我们校长是第十一届全国人大代表，内心觉得母校好强大。2 月 2 日那天，我加了王校长微信，我直接和王校长说我得回来接受再教育，希望母校帮助我在新的人生道路再出发。马上就接到了王校长的电话，这时才知道原来王校长是这届的省人大代表，我的当选也有王校长的一票，有我母校默默支持的一票。这样的缘分是我想不到的。所以，今天在这里把这个小插曲和大家分享，再次感谢我的母校、我的校长。

从当选到去北京参加两会一个月的时间里，我从零基础开始恶补政治思想，当时对自己有个要求就是一定要当个讲政治的代表，平时说话、会上发言、写建议都要讲政治，不像平时那样大大咧咧的了。在会前的那段时间，我结合自身岗位优势和对基层员工的了解，开始走访调研、写建议、参加省里组织的培训，学习宪法、代表职责等。

2月28日，参加了省里组织的会前培训，了解了中国近代史、中国共产党的发展史等，让我进一步加深了对“浙江是习近平新时代中国特色社会主义思想的重要萌发地”这句话的理解。3月2日，我踏上了北京两会履职之行，紧张、激动、担心是我当时的真实写照。紧张，是因为我不是简单去北京开个会，我是一个来自基层的年轻代表，是中华人民共和国成立以来永康第二个全国人大代表。激动，是因为我作为一个基层的1986年出生的人能参加跨时代、具有伟大历史意义的十三届全国人民代表大会，这是一份莫大的荣幸。担心，是因为我家里有一个两岁半的女儿，十月怀胎到两会前都没有离开过她那么久，放心不下。

会议是3月5日开幕的，北京我去过很多次，但是第一次以全国人大代表的身份进入神圣而庄严的人民大会堂。我们是按姓氏笔画安排座位的。第一次聆听李克强总理的工作报告，那种感觉就像在学校期间上大课，我非常认真地聆听并做着记录。总理的工作报告接地气、通俗易懂，让我深受鼓舞，从中我感受到了国家对人民的爱，字字句句都写着人民想的事，我还看到了国家对职业教育的重视，对技能人才的重视，提高技术人才待遇，集众智汇众力，一定能跑出中国创新“加速度”。发展公平而有质量的教育，支持社会力量举办职业教育，以经济社会发展需要为导向，优化高等教育结构。加强师资队伍和师德师风建设。办好人民满意的教育，让每一个人有平等的机会，通过教育改变自身命运，成就人生梦想。去北京开会前，当时在杭州参加代表培训的时候，国家财政部、省财政厅有关领导听取了我们代表对财政部门的建议。当时，我提出了三个建议，其中包括提高个税起征点，没想到在总理的报告中居然能也听到这些我在关心的事情，很惊喜。当时，我们的财政厅徐厅长就坐在我前面，总理报告结束后徐厅长对我说：“美媚，你看总理把你想的事情都想到了。”对呀，总理把我们普通老百姓想的事情都想到了，整个报告始终围绕着如何提升人民的幸福感、获得感、安全感。

3月6日，在审议总理工作报告小组讨论发言结束后，我们浙江省纪委刘建超书记说明天要戴着红围巾，有惊喜。我当时没多想，但当天晚上就有消息说总理明天参加浙江省代表团审议政府工作报告，第一次这么近距离地见到总理，而且总理对浙江那么关心，我们好几个代表都在会上作了发言，其中就有我们的义乌市长林毅，汇报了义乌的“一带一路”建设和义乌国际小商品市场的提升，并邀请总理到义乌考察指导。王晨副委员长是本次会议的秘书长，他是我们浙江选出的代表。3 月 6 日那天，他来团里和我们一起讨论审议政府工作报告，还提到了当年习近平总书记在浙江任职的时候让他去义乌考察买衣服的趣事。

3 月 12 日，我们一如既往地坐上从人大会议中心出发的车来到人民大会堂。入座后不久，就响起了会议即将开始的铃声，接下来音乐响起，习近平总书记踏着矫健的步伐走来，随后是李克强总理等国家领导人及各主席团成员入座。大家都以热烈的掌声欢迎我们敬爱的领袖，大会以投票表决方式高票通过了《中华人民共和国宪法修正案》，能够投上这么富有历史意义的神圣一票，我感到无比光荣。这次宪法修正是党中央从新时代坚持和发展中国特色社会主义全局和战略高度做出的重大决策，是一部与时俱进为实现"两个一百年"奋斗目标和中华民族伟大复兴的中国梦提供有力保障的好宪法，是党心民心所向，更是符合人民群众的根本利益的。

3 月 16 日，在浙江代表团遇见了原浙江省委书记，现全国政协副主席夏宝龙。在整个会议期间，时常能见到很多国家重要领导人，每天能见到优秀的各界精英，他们都是值得我学习、值得我崇拜的。我相信只有专注、有责任感、务实上进的人才能有今天的成就。

3 月 17 日，我们乘车去人民大会堂的时候天空飘起了雪，大家都感到十分惊喜。说选举下着雪寓意很好，瑞雪丰年好兆头！大家信心满满地到了人民大会堂，当天的掌声特别热烈，经久不息，掌声也见证了习近平总书记再次全票当选国家主席。"时代是出卷人、我们是答卷人、人民是阅卷人"，我们全体代表在齐唱国歌声中里表达着对习总书记的崇高敬意，表达着我们身为这个时代的中华儿女而无比光荣，幸福感、获得感、安全感充实着我们。当礼宾护送《中华人民共和国宪法》入场时，庄严神圣的一刻让我们铭记。当时一片安静，大家都静静地聆听着礼兵整齐而有力的步伐。当《中华人民共和国宪法》护送到台前，总书记上台宣誓，左手按着宪法，右手握拳举起的那一刻，我们听到了他铿锵有力的誓言："忠于中华人民共和国宪法、维护宪法权威……为建设富强民主文明和谐美丽的社会主义现代化强国努力奋斗！宣誓人，习近平。"全场顿时掌声雷动。主席深深地向全体代表鞠躬，让我们感动万分。习近平总书记全票当选中华人民共和国主席、中华人民共和国军事委员会主席，充分体现了全党、全军、全国各族人民的共同心愿和心声，显示了中国共产党、中华人民共和国、中国人民解放军领导人“三位一体”领导体制的独特政治和制度优势。大会选举栗战书同志为全国人大常委会委员长、王岐山同志为国家副主席，任命李克强同志为国务院总理，选举和产生了全国人大常委会、国务院、中央军委其他组成人员，选举产生了国家监察委员会主任、最高人民法院院长、最高人民检察院院长，顺利实现了中央确定的人事安排大格局。这一人事安排大格局是人心所向、众望所归。

在此期间，我分别审议了政府工作报告、审议计划和预算报告、审议“两高”报告、审议宪法修正案、审议监察法草案，收获很多，也认识了很多人。有一天，我们参加全团会议的时候看到了申纪兰老奶奶，她精神头很足，我出于仰慕走过去看到好多人围着她拍照，回到我们浙江代表团驻地，胡海峰市长问我，有没有拍照呀？你猜她多大了？八十九岁的老人真的让人尊敬。

大会于 3 月 20 日上午正式闭幕。习总书记在会上的讲话鼓舞人心，让我激动万分。他说我们伟大祖国的每一寸领土都绝对不能也绝对不可能从中国分割出去。这样的强有力的态度，让我感受到国家的自信、民族的自信、我们强大中国的自信。感恩自己能生活在这个美好的时代。总书记说新时代属于每个人，每一个人都是新时代的见证者、开创者、建设者。只要精诚团结、共同奋斗，就没有任何力量能够阻挡中国人实现梦想的步伐！幸福是靠奋斗出来的！

二、我的 12 年工作经历

这次回到母校，让我感受到的是时间真快，恍如昨日，自己还在听着老师讲课，还在食堂排队吃饭，骑个自行车无忧无虑地拿着父母给的生活费，无忧无虑地上着自己的大学。转眼已经十年有余。我永远记得当时学校举办的多场招聘会上迷茫的状态，不知道自己选择什么公司，什么公司能适合自己，就这样一场场招聘会让自己越来越觉得自己会得太少，心情越来越沉重。一次次的面试不顺利，自己看中的，人家看不中我，看中我的，我自己看不上。后来，我总结这就是常见的大学生眼高手低、心高气傲的表现。记得有一次信心满满地去中国移动公司面试，100 多个人选 10 个人，最终我被淘汰了，我就这样选择了和自己本专业并不相关的公司。

现在回想起来，我觉得第一份工作真的很重要，我选择的是服务行业，放下大学生身段，和比自己学历低的人在一起共事，发现他们的能力都很不错，这就是社会经验。后来，因为很幼稚的原因离开了第一家公司，第二家公司是一家货代公司，算是我们现代物流专业相关的公司了，但是因为工作非常辛苦，还有我是来自丽水的，父母希望我早点回家，怕我找了个宁波人或者就在宁波生活了。以前不能理解父母，现在有了女儿，真心觉得父母的苦心该好好体谅。2008 年 9 月，我成为道明光学股份有限公司的一名普通职工，这是我的第三家公司。这家公司在金华的永康，离我家一个小时，相对来说父母是满意的。十多年的工作经历，故事很多，是人生最美好的时光。刚开始到这家公司时，我是想离开的，第一天上班就等着下班，因为太偏僻了，接触的人都不是我喜欢的，觉得自己就应该是属于大城市写字楼里相对有生活品质的人，受过教育的人才是自己的同事。但是，第二天我又回去了，因为不小心把办公室的钥匙带走了，我得讲信用，不能这样不辞而别，还是去还了。还有个原因就是这个地方偏僻，可以逃避我父母安排的相亲，就这样我开始在偏僻的分公司上班了。每天和几百个车间工人一同在食堂吃饭，他们聊着我根本不感兴趣的话题。每天处理员工一些很琐碎的事情，我开始学会换灯泡、修理马桶、修理床铺、抄水表、抄电表、监督食堂买的菜品质和价格等。听到这里大家应该知道我是在行政办公室做一份文职工作。后来被调到了外贸部做单证，这个和我当时做的货代有很大的不同，到后来又被调到了车间当统计和仓管，再到副总办公室的文员、董事会秘书的助理，经历公司 IPO 整个过程，两年的时间给我人生带来了翻天覆地的改变，接触证券公司、高级律师事务所、法律顾问、各级政府部门等，在很多人的眼里那是让人羡慕的，但是背后是多少个日日夜夜、多少个潜心学习才有资格的，到后来我在想我除了在证券部还有政府部门的项目申报外，我还会什么呢？因为总部的行政人事经理空缺，这个岗位不瞒大家，一年换几轮。当时，这个职位被公司的同事称之为火坑，都说傻子才往下跳，很多人拒绝了。有一次，两位董事长分别找我谈话，让我去接这个岗位，当时我犹豫了，我心里没底。后来我接手了，整整两年，我经常以泪洗面，因为真的太难平衡了，看不出成绩的部门，杂事一大堆，每天要和不同的人、不同的事打交道，就像谈着一场很虐很虐的感情似的，虐着还是坚持着，到最后因为孩子出生的原因还是换了岗位，回去做政府项目申报。当时，总结公司内部员工任职实行三包，三年内包退，退回原来岗位。回归原来岗位后，有一段时间里两位董事长又开始旁敲侧击地和我说让我分管人事部门，经历了两年的行政人事管理工作的痛苦后，我吸取教训，那个部门不再去。两个月的时间里，被多次叫去谈话，做思想工作，觉得我最适合公司这个岗位，能为公司甄别人才，为公司筛选更好的人才。经不起一个个高帽子，我还是被说动了，从四楼又回到一楼的办公室。就这样十年的时间里，还没有等我把这个岗位做腻了就被调动。直到当选为全国人大代表后，公司领导才发现一件事情，原来我一直没有被任命过行政职务。我也在回望自己的十年，我就这样一直每天忙忙碌碌，忘记了追求职位，忙得没时间闲下来和后来的更多拿高工资的人较劲，心里有时候也有不服气，但是没有那么多空闲的时间去想、去计较。想着把一件件该做的事情做好，好回家、好过节、好多陪陪家人。十年来，我没有什么伟大理想，工作上就想该做的一定认真负责，一定尽力而为。

三、寄语学弟学妹

前些日子，我们公司来了一批陕西科技大学的实习生。年轻稚嫩的面孔，当时十几双眼睛看着我，我问他们最近在公司实习学什么？想学什么？现在会什么？因为做人力资源的关系，我每年都会参加高校的招聘会，每天都会面试很多人，都说读万卷书、行万里路、阅人无数。我就每天在几个平方米的办公室里听着来来往往的人和我讲述他们的故事，从第一份工作、第二份工作、第三份工作、第四份工作；从二十岁的青春意气风发到三十岁的不安分、不服输，再到四十岁的岁月磨灭斗志。

青春有大把大把，然而，我们一下子就耗完了。有人说每个人都有每个人的命运，我们顺其自然吧。我只赞成顺其自然是在你努力付出后等待结果的那一刻，我希望我们可以有个心态，叫水到渠成。一切要靠自己努力。习总书记说过，这个时代是奋斗者的时代，我们在仰望星空的时候一定要脚踏实地，不浮躁，点滴积累方成江海。德才兼备，全面发展，综合实力很重要，在学习中提升，不死读书，融会贯通；关心国家大事，关心国家发展方向就是关心自己的未来；拓宽知识面，不局限学校小圈子，试着尝试更多有意义的事情，如社团、兼职、公益活动等。我希望我的学弟学妹能够在在校期间提高自己的各方面能力，实现全面发展。希望学弟学妹初入社会期间选择一个好平台或者选择一个朝阳产业，选择比你努力更重要，坚持自己所选择的，不骄不躁，虚心学习，要有责任心、敬畏心，心态决定成败。有一段话一直激励着我，我现在也和学弟学妹分享一下，那就是想要成为更好的自己，就去见识更大的世界，认识更多的人，汲取更广泛的知识，你不需要别人过多的称赞，因为你知道自己有多好，内心的强大永远胜过外部的浮华。

勤奋伴成长 坚守助进步

杨晓霞，毕业于浙江纺织服装职业技术学院2008级纺织品检验与贸易专业。现任维科集团股份有限公司质检员。先后荣获“中国青年五四奖章”“浙江青年五四奖章”“第九届宁波市十大杰出青年”“宁波市劳动模范”等称号，当选为第十一届和第十二届全国人民代表大会代表。

今天非常高兴，也非常荣幸，能够与同学们一起学习交流，向大家讲讲我的故事。今天我要讲的题目是“勤奋伴成长，坚守助进步”。

一、我的个人成长历程

我的老家是在江西省铅山县农村的一个普通农民家庭，在家中排行第二，父母以种田为生，经济条件比较艰苦。为了减轻家庭负担，我从小学三年级起到初中，每天起早挑着 10 多公斤的豆腐到附近各村叫卖挣钱，是勤劳和勤奋帮助我完成了中小学的学业。

后来，我初中毕业考上卫校，却因家乡遇到洪灾，家里经济更加困难，无奈放弃了升学的机会。听说宁波地好、人好，又容易挣钱，我带着对美好生活的渴望和憧憬，孤身只影、背井离乡，来到宁波打工，成了宁波维科精华家纺有限公司一名缝纫工。在我的人生字典里有这么几个字“天道酬勤”。以前的生活经历使我对此有所感悟。因此，我抱着“吃苦”的心理准备从事每项工作，认为“只有把‘创造美好生活’的理念融入产品中，才能提升技能，做好产品”。2003 年，作为企业的操作能手和技术标兵，我参加了宁波纺织系统缝工操作能手比赛，荣获第一名，被评为宁波市操作能手。凭借扎实的基本功和强烈的进取心，我于 2004 年又被评为维科优秀员工、企业产品版样员。2006 年，“宁波市第二届十大外来务工明星”开始评选，作为维科的优秀员工，在企业的推荐下，荣获“第二届宁波市十大外来务工明星”殊荣。2007 年，荣获“浙江省女职工建功立业标兵”“宁波市劳动模范”称号，当选宁波市十三届人大代表，并成为首批落户宁波的优秀外来务工人员之一。2010 年荣获“全国五四青年奖章”。后当选全国人大十一届、十二届全国人大代表。

二、时间在促成角色的变换

由于精湛的技术和企业的需要，我于 2002 年调到公司技术科做产品试样工。试样工是个什么概念？就是根据设计图纸的要求，把裁剪的版样缝制成产品，作为样品供客商观赏确认。时间在促成角色的变换，也在促成我的梦想实现，因为我曾是一名观赏和惊叹别人缝术的人，今天反过来是大家赞赏我的手艺。“维科，创造美好生活”，当维科把这一追求定格为集团的愿景和使命时，它所折射出来的光彩同样映照在我的工作热情中。

2004 年，公司为适应市场发展成立了成品二车间，新招的员工都来自湖北刚出校门的新手，企业出于对我的信任，从技术科调到二车间任缝制工段的工段长，负责带好这批新人。面对一大群没有一点实践工作经验的新员工，除不厌其烦一个个手把手地指教她们的工作，毫无保留地把自己学到的、掌握的、积累的技术和经验传授大家外，先后带出“徒弟”400 多名。作为一个工段长，经常用企业文化和自己的现身说法熏陶激励工友：“缝纫是很适合女性的工作，要想成为一名优秀的缝纫工，必须学会‘爱’，爱岗位、爱产品、爱生活，只有把‘维科，创造美好生活’（维科的文化主题）的理念融入产品里，只有把爱心转化为恒心、诚心和耐心时，才会有得心应手的收获，才能把活干得漂亮。”我为了培养新人倾注了自己的爱，但爱的付出在某种时候是一种内疚和歉意。为了带好新人，当人生地疏的母亲首次来宁波探望我时，我竟忙得没有时间去接站。加班加点是常事。常言道，功夫不负有心人，我带的一大批新工人都能提前在培训期前独立上岗，还有几个在公司举办的操作运动会上取得了较好的成绩。我也是在这样的运动会上脱颖而出的。2007 年，我又调岗成为公司质量总监和制品厂长。

三、“不管身份如何变化，都要为百姓说话，只有丰富知识，才能更好地为人民说话”

作为全国人大浙江代表团中唯一的外来务工者代表，会期会后也备受关注。“作为一名外来工代表，能够参加人代会，感到非常激动，作为全国人大代表，我不仅仅代表浙江、代表宁波，还代表 1 亿多全国各地的外来工”“既要做好公司本职工作，又要担负好人大代表的职责，唯一的办法就是像海绵挤水一样挤出时间来学习。”对于我来说，全国人大代表的压力比荣誉更大，只有积累了丰富的知识，才能在人大会上提出好的议案，才能更好地为人民说话。

在十一届全国人大一次会议上，提出了 29 份议案，其中就有备受关注的外来工社保全国转移问题、外来工子女的教育问题、外来工融入城市生活的问题，以及如何提高外来务工人员工资标准的问题。社保全国转移问题更是引起了社会各界的广泛关注，浙江省宁波市率先制定了相关转移政策，国家也于 2009 年 12 月 22 日在国务院第 93 次常务会议讨论通过了《城镇企业职工基本养老保险关系转移接续暂行办法》，并于 2010 年 1 月 1 日起实施。

以前只是要求自己把本职工作做好，当选全国人大代表后，我对社会的认识更加深刻，对代表的职责也更加明确，知道自己肩上的担子重了，要为维护外来务工人员的利益积极呼吁。

2009 年人大会上，我提出了加强对外来务工人员职业精神培训以及促进农民工在家门口工作等建议，指出社会现在很重视外来务工人员的职业技能培训，这让我们这些文化不高的打工者学到很多东西，但职业精神培训也很重要，因为不少打工者读书少，分辨是非能力弱，职业精神培训能让他们对工作和生活更加热情，有目标，有奔头。同时，很多外来务工人员返乡以后，非常希望能在自己的家乡找一份合适的工作。建议政府对企业转移给予更多的政策支持，鼓励发达地区有条件转移的企业向欠发达地区转移，这样既能降低企业成本，又能让农民工在自己家门口找到工作。

为了履行好人大代表的职责，提高自身的文化知识和专业素养，提高参政议政能力，2008 年 10 月，我通过了全国成人高考，成为浙江纺织服装职业技术学院的一名正式大学生，2013 年，我报了独立劳模首批本科班，并于 2016 年拿到了毕业证书。

四、成长的历程感悟

一是克服自卑，志存高远。我们来自农村，很多人文化程度不高，自卑心理较重，我想我们应该继承发扬老一辈农民勤劳朴实、敢于吃苦的精神，在同一蓝天下，就有我们共同的快乐。“不言弃，不放弃，不抛弃”应该作为我们人生的口号。

二是敬业第一，忠诚企业。一旦选准了一个城市，一家企业，一个职业，不要朝三暮四，不要为利益所苦恼，要有“士为知己者死”的精神，全身心投入，哪怕一时没有回报也不要放弃，更不要轻易“跳槽”。

三是刻苦学习，努力创新。学一行专一行，干一行爱一行，要针对自己的行业，由爱深入到专，并在专的基础上有所创新。创新是人生价值的体现，学习和创新是人生最大的乐趣。

以上是我的一些经历和感悟，希望能给学弟学妹一些启迪。

问：四年履行全国人大代表职责最大的收获是什么？

答：在四年的履职中，我提出的提案得到了国家有关部门的认可，这些建议都与老百姓的利益息息相关。在这过程中，我感受到的国家日益昌盛，人民的生活水平日益提高，国家特别关注来自基层代表的提案和建议。

问：工厂上班非常辛苦，怎么想到发明“杨晓霞质量法”？

答：从我背起行囊，我一直铭记老父亲的嘱托，做事要踏踏实实。这个质量法是个熟能生巧的工作经验的积累和整理，是自己尽力把产品做得更加美观、更加高效的反复摸索和思考的成果。

问：如何做到静下心来学习？如何看待工作和学校学习的关系？

答：上大学是我的梦想，我毅然放弃了原来的工厂的职位。学纺织这个专业与我原来从事的工作关系密切，我能静下心来好好学习，而且是带着问题进行学习的。

拥有梦想，启航人生

黄钢，2005年毕业于浙江纺织服装职业技术学院轻纺专业。曾任洁丽雅集团党委委员、人力资源部部长、总裁办主任、集团企业发展与绩效管理委员会副主任、浙江洁丽雅兰家纺有限公司副总经理。

很高兴，再一次回到母校，跟大家一起分享交流我们如何在今后更多的一段时期内把握自己的青春。我做了一份我在学校期间的简历，大家可以更加精确地了解我的成长，我的发展。我于 2005 年毕业，是两校合并之后第一届。我是 2002 大轻纺三班的班长，2004 家居艺术设计班的助班，参加了大学生通讯社。今天我主要想讲的就是我们的梦想如何起航人生。

谈梦想，要先谈一下中国梦。中国梦，是我们习近平总书记在 2012 年 11 月 29 日正式提出的，主要是为了实现我们中华民族的伟大复兴。习总书记提出的这个中国梦，与我们在座的有什么关系呢？其实关系非常密切。中国梦是民族的梦，也是每一个中国人的梦。国家好，民族好，大家才会好。今天，我之所以把中国梦切入到我们的主题，是因为我们在座的大学生和其他中国人的梦想都是一样的。目标是什么？那就是实现中华民族的伟大复兴。

最近我留在国外时间比较多，但是我处处能够体会到，作为一个中国人，真的要有荣誉感啊。你一走出中国的国门，护照拿在手上是沉甸甸的，用战狼里面的一句话：在我们身后，有一个强大的祖国。如果有一天你走出祖国的大门，中国的强大是你可以感受得到的，我们现在是挺直腰板、理直气壮。“一带一路”倡议的推进更为很多国家带来了收获和梦想。下面我主要分为三个方面的内容讲。

一要自我认知，要对自己进行分析。

要明确自己的长处和短板。概括来讲就是你了解自己吗？对自己有没有做过分析？我的长处在哪里？我的短板在哪里？中国有两个成语：取长补短、扬长避短，也就是说我们在自我认知的前提下，长处应该继续发扬，短处不要回避，用自己的长处弥补自己的短处。这对自己来讲，是整体综合实力的提升。我们的能力提升要注意哪些问题？首先我觉得需要回答一个问题：认识自己是谁，是谁的女儿或儿子。我如何担当？先要为你的父母担当，这个是作为一个家庭成员，必须要承担的。那么，担当体现在哪些地方？我觉得你现在的担当就是把自己的学业完成。因为现在大学的课程比较丰富，学的东西比较全面，要求也比较高。你心里应该要明白自己是来干什么的，又该如何来担当。我认为要把自己能够做的事情做好，把自己生活上的一些事情做好。对父母尽量少一些索取，给自己多一些机会。一些简单易办的事情，自己去办。一些能够自己解决的问题，自己去解决。

要清楚自己有哪些长处，并体现出来。要分析自己，提升长处，来发扬，来发展。比如，写的东西、打篮球、打乒乓球，长处永远是你今后能够获得更好的工作的一个优势。

一要明确你愿意做什么？一是要给自己定一个目标。比如，我今年要成绩都合格。我想大家应该都没问题。或者说我要拿一个创意赛的奖，这其实是可以作为一个小目标的。或者说我今年要拼一个优秀学生会干部，或者我要拿一个奖学金，这些都是自己定的一个目标。这个目标对于大家来讲，不要太高大上，在制订目标的过程当中要与现在的这个实际相吻合。比如，我今年的第一个目标是过年出国旅游一趟，那么这个钱是哪里来？是向父母要，还是自己勤工俭学，还是自己去创业？可能在座的有一些创业的同学。这个我觉得很好。确定的目标是自己努力的方向。人生需要奋斗目标。何况我们都是年轻的大学生，我们更要有努力奋斗的目标。其实，我每三年给自己定一个目标，每三年需要有一个提升。我是 2005 年 2 月 18 日到洁丽雅集团的。我在车间一线工作了 11 个月，跟普通的员工一样，一个礼拜白班一个礼拜夜班，我那时候的工资标准是 500 元钱，远远不够你们的生活费。我现在想想我都有点傻。因为那时候相对来说我的选择余地还是比较大的。那么，一个月一个礼拜白班一个礼拜夜班，对于我来说是一种挑战。这 11 个月坚持下来之后，我们那一届进来的毕业生本来十六七个，最后只剩下三四个。因为这个时间有点长，一般人很难坚持，确实很难坚持。之后，成为一名普通的办公室人员。那其实是机会啊，因为我是学生党员，进入到了这个我们的党支部这个平台。之后，我每一段时间都有一个目标，我也朝这个目标前进。洁丽雅集团现有员工八千多人，管理人员也有好几百，在这样一个竞争环境，必须朝目标不断努力。目标是针对每一个人而设定的，而且在每一个阶段要设定不同的目标。

二要明白自己能够做什么？我觉得这一段话还是比较好的，如果自己不努力，谁也给不了你想要的生活。梦想不会逃跑，会逃跑的永远是你自己。以前有一句老话叫作男怕入错行，女怕嫁错郎。其实，我觉得这也是你想要获得这个美好生活的一种方式。每一个行业都有每一个行业的压力。我们作为在校学生要明白，通过努力之后能够做到什么。大学毕业，我要成为什么样子的人？我通过努力能够达到什么样子？我们要朝这个梦想奋斗。会逃跑的不是梦想而是你自己，问问自己有没有偏离梦想，或者有没有走退路。

三要明确未来去哪里？做什么？明天我要何去何从？明天想做什么，这对于每一个人来讲，其实是很简单的一个事情。因为每个人都有明天，但是有没有为了明天而在今天努力呢？我觉得这个也不是所有的人都能够做到。进入大学校门的时候，你就要思索这个问题。我们在座的每一位学生，我觉得是需要认真思索的。我们每天面对的是跟我们一起生活、一起学习的同学。那么，是否有人会问你，你今后去干什么。大一的时候问你，大二的时候问你，到大三的时候，还有人会问你。可能很多人都很迷茫，甚至自己在跨出校门的那一刻都很迷茫自己今后到底要去做什么。无非两条路嘛。就业、创业，其他没路的。你为你今后的生活做了多少，我觉得大学 3 年是非常重要的，这 3 年其实是在为你今后 30 年铺垫，甚至奠定了你人生的基础。

二是知识的积累。

趁着别人还可以虚度的年华，让自己尽可能地多积累知识。这个知识包括很多，我觉得可以总结为以下几个方面的内容：一是书面的知识，二是与别人沟通过程当中积累的知识。2015 年去上海听朋友谈到了这个美元的汇率会降。后来美元真的降了，最便宜的时候才 6 元多，后来到 7 元多。那时候他们已经预料到了市场发展的一个趋势和行业发展的一些趋势，这些对我们做决策和投资是很有帮助的。从这以后我给自己定了一个目标。每一个季度，我要去上海一趟，要跟他聊，去领领世面。无论是我请他吃饭还是他请我吃饭，都没问题，主要是来学习。所以说，在座的学弟学妹要积极地与别人沟通，去收获很多自己平时无法收集的信息，或者平时自己无法获得的这个资源。

要具备对社会现状是非的甄别能力，勿以善小而不为，勿以恶小为之，要体现正能量，要为社会发展做出更多的贡献。

了解自己的专业。现在的行业变化太大，我们要以现在的行业的眼光看待现代化的设备、现代化的工艺流程、现代化的管理手段。我们的行业已经改变了原来传统行业的一些模式，包括机器换人、腾笼换鸟等。现在的车间是几乎没有灰尘，1 个人可以看 16 台机器，效率远远比原来的要高。我们要关注这个行业发展的一个趋势，原来叫工人，现在叫技师、工匠。

学习其他知识。这里我要讲一下绩效管理。这个也是我这么多年接触管理以来，我认为最好的一种管理模式。绩效管理模式分 7 个部分再加前面

1个说明概述，通过方法、展开、学习、整合四个过程对每一个内容进行分解。绩效管理模式要回答144个如何，每一个如何都涉及你的管理。

三是培养自己的5种能力。

能力在于建设，在于提高，在于突破，在于完善。一是主动学习的能力，二是适应能力，三是明辨是非的能力。这些比较好懂。四是实践动手能力。实践并不等同于劳动。对于知识的应用，是一种能力。比如，把我们学到的知识与现状有效结合，并应用到管理当中，这其实是一种实践。五是创新能力。创新，让世界为中国喝彩。在实践过程当中，融合开拓创新，包括管理创新和技术创新。结合我们学院的特点，应注重中间层的创新，这是管理的中坚力量，更是企业发展的基础。其实，更重要的是注重管理创新和技术创新。学校给我们提供了很好的平台，我觉得学生会工作是很好的，这其实是为大家提供了很好的平台。作为一个班长，你把45人或者40人管好了，那说明你就是一个合格的班长。

四是走向社会应该具备的心态。

空杯心态就是等到学业有成，踏上社会之后，你要放空你自己。你身上的许多光环与身上背负的许多成绩都不要带到社会。步入社会之后，你该从零开始。这样你会走得更优秀。2005年，我身上有一些光环，包括优秀毕业生、省级的优秀毕业生等荣誉，但是后来我就扔掉了。我从决定下车间那一刻开始，我就没有把自己的光环带进去。那时候大学生下车间其实是一个很艰苦的事情。艰苦到什么地步？学校里面可能还有一日三餐，之后自己还能够稍微有点零花钱。工作之后，可能零花钱都没有了。因为什么？因为那时候只有500元钱工资。

最后，我总结一下：一是学习千万不要耽误，学无止境，要学会多方面学习。无论是课本上的还是课外的，都要广泛学习。二是学的时候要努力。三是要学会创新，这才是符合我们00后时代的一个气质。四是要有正气感。我觉得当代大学生身上的正气不能丢。无论你是在哪个行业，哪个公司，甚至你走出国门，身上的正气不能丢。五是要学会担当。六是要学会感恩。感谢母校，感谢同学们。

问：王学长你好，您之前也当过班长和副班，还有学生会主席、社团部长。您是怎么分配自己的学习和生活，还有管理班级这种时间的？

答：我有三个建议。一是少玩手机；二是少睡懒觉；三是劝诫，少浪费时间在谈情说爱上。

问：请问您觉得在社会上与学校里最大的不同点是哪里？

答：首先是环境。在学校里面，你是一个在温暖巢里面成长的一个孩子，可以自由支配自己的时间。一进入工作状态，你就完全不自主了。因为你是属于公司的。其次是角色。学校里你是学生，你是孩子，你是家里父母的一个宝贝。但是，真正进入职场，你就是一名工作人员。最后是实现人生价值不一样。工作以后进入社会，你实现的价值是你个人的财富。

问：能不能结合你的亲身经历，谈谈你的感悟和总结。

答：这一路走得很辛苦。首先自己要做好，要有正气，自己要有担当，要学会感恩。这样，别人才会认可你。面对挫折要学会如何担当、化解，这个是需要自己付出的。其次要调整好心态。遇到一点事就上吊跳楼的很多，确实是自己的心态不够成熟，自己的心智也不够成熟。要通过学习，通过实践，通过创新，让自己变得成熟。再次要学会付出，因为付出才有收获。最后要学会创新。

让青春插上梦想的翅膀

周文君，2000 年毕业于浙江纺织服装职业技术学院服装设计专业。毕业后任职于宁波博洋控股集团有限公司，在导购、客服、销售部、营销中心等岗位与部门锻炼，后被聘为总经理助理。2010 年至今，与团队一起创立了宁波马骑顿儿童用品有限公司，现任宁波马骑顿儿童用品有限公司联合创始人、副总经理。公司的愿景：奋斗二十年，成为一家世界级的童装公司。

首先，我要表达对母校的感激之情，我于1997年进入服装设计专业学习，2000年毕业。毕业离开母校已有十九个年头了，如今能够在这里分享我这十九年的奋斗心得十分荣幸。我觉得“成功”这个词一直都是在前方的，每一个人从出生来到这个世界，不一定都能做到和别人一样伟大或优秀，但是可以让自己做得好一点，再好一点，为这个社会带来一点贡献，不枉来到这个世界。我希望我的这些心得体会能够给在座的同学们一点启发，能够帮助到大家。我今天所讲的主题是让青春插上梦想的翅膀。我认为每一个人都是平凡的，但都可以拥有自己的梦想，只要自己愿意努力，相信一定能取得成功，也会有实现梦想展翅飞翔的那一天。在学校，我曾是一名很普通的学生，不出色，也不拔尖，还不如在座的学弟学妹们，度过了平平淡淡的三年。但是，在学校里有老师的帮助，我还是在大学三年中收获了许多，不仅是专业知识的收获，还包括人生道理。毕业以后机缘巧合进入了我的第一家工作单位——博洋集团，如今离开这家公司也有五个年头，但是我十分感谢这家公司。在那里十年，我是从最基层店铺当导购做起，一开始我很难克服，但是我也没有放弃，经过了几个月之后，调回公司从导购变成接待客户的客服。我有一个信念就是要服务好我手里的客户，做了大概两年，我通过自己的不懈坚持做到了客服主管，再一步一步往上努力，做到了整个公司中心运营策划，协助总经理开展工作。在博洋的十年历练，中间也经历过很多的困难，所以说每一个人的成功背后都是付出了许多的汗水的，不断在各个岗位上磨炼，才能收获到更多的经验，所以我们应该勇敢地抓住每一次机会。能够在这个企业坚持十年之久也是源于自己的信念，第一个十年是积累。

2010年，开始创业，梦想很美好。到了新的公司后，领导让我做产品，跑到杭州四季青、上海、深圳及世界各地做调研，一开始对这件事都是憧憬，也非常有信心。第一家开出来后，得到了很好的市场反响。但还是太盲目乐观，因此在第二年一堆的存货压力，资金的短缺让工作很难进行，但是我没有放弃，从调研开始到世界各地推销货品。我还是很幸运的，通过电商的推广缓解了库存货品的压力，我们迈过了这个坎。每一个行业都是不可能轻而易举干成的，所以我们也经历了许多风风雨雨，整个团队也是日日夜夜去拼去扛，不断积累，才有了今天的一些小小的成绩。虽然有时候也会对生活有抱怨，也希望可以享受一下，但是第二天还是会继续努力。有句话说：“内心仰望天空，当下低头干活。”现在取得的成绩，让我来分享成功经验就是脚踏实地，不断坚持，只要选对了路，就坚持走下去。这就是我从创立服装公司发展到现在的情况。

我们是2010年成立的一家公司，主要生产面向婴幼儿和青少年的产品，目前有实体和电商两条线，摄影公司，校服和品牌授权这些主营业务。我们的使命是聚集客户的关切，致力于提供孩子们在成长的每个阶段所需要的丰富且高品质的服饰。我们的出发点是为孩子们的美好生活服务，做更好的产品给孩子们穿。我们的愿景是奋斗二十年，成为世界级的童装公司。这是2017年提出来的。为什么讲愿景？一开始我们自己都不愿相信，但慢慢地变成了我们心里恒定的东西。愿景就像灯塔一样，一开始觉得很遥远，但不知不觉在你心里发芽时，所有人都为之奋斗。一个团队聚集在一起，我们需要有一个共同的价值导向和价值观，用户第一，不管是内部用户还是外部用户。外部用户就是消费者，内部用户就是跟我们合作的部门，甚至你的领导和下属以及同级部门，都是你的用户，所以我们做工作要考虑别人的需求。团队合作、学习创新创造、诚信待人，这三条对我们同学来讲都非常重要。团队合作，我们进入一家公司或自己创业组建一个团队，团队的利益高于个人，以团队为重，希望大家记住。学习创新创造就是要保持不断的学习心态。这些是公司的文化。

进入社会后，与同事一起的时间远比家人在一起的时间多，大部分时间都是和同事团队朝夕相处，所以可以说同事是你的第二个家人。我们进入到团队后若能和同事融洽相处，对自己的整个发展以及工作状态都会是一个很好的帮助。我有19年的时间都没有换过工作，只做了这么一件事，一直做到今天，也渐入佳境，应该也不会去做第二件事情。如果能把这件事情做好，我也觉得自己已经非常了不起了。我们的学弟学妹过一两年即将踏入社会去工作去创业，去创造自己的价值。我们会面临新的起点和选择，去创业、工作或者选择做全职太太，这些都是选择的不同，都没有对或错。我们能够走到今天也是一直坚持服装这一件事情。但我们一定要知道自己要往哪里去，要梳理一下我到底要成为一个什么样的人，我的价值到底在哪里。自己应该有个方向，做分段的管理，才能实现远大的目标。这是第一个跟大家分享的心得。

二是要管理好自己的时间。其实每个人拥有的时间是一样的，如何管控好单位时间，把自己的时间发挥到最大化才是关键。你想成为某一个样子，一定要把时间分出来，坚持不懈地去做，把握好自己的时间，总之一定要自律。想要保持很好的身材，必须要付之行动，如果照吃照喝不运动，身材肯定好不了。你如果有几十万、上百万的年薪，但什么都不想干，每天喝茶晒太阳，出去旅游玩乐，天底下哪来的好事，一定要把时间花下去，才能有收获，才能成功。“时间花在哪里，轨道就在哪里？先不要去想成就有多少，及早行动开始，付之实施最为重要。

三是要关注引领性的指标。把引领性、过程性的指标做得好的，结果是不会差的。如果过程是稀里糊涂的，结果肯定不会好到哪里去。所以，我们要懂得聚焦。人的一生会有很多的机会和选择，没有那么多的时间，希望每一位同学在选择时深入思考想清楚，做的时候一定要极致，控制好引领性指标和结果性指标。

四是每一次经历都是一次机会和财富。通过这一次一次的经历从中得到成长，经验越来越丰富，思想越来越开阔。一旦有事情到了你身上，不管是大事或小事，都要把它做到最好。只有你把领导分配下来的事情做好了，你才会得到领导的重视。不要小看小事情随便应付一下，否则你会失去很多机会，只有做得更好，才能受到领导的信任。还有，人生都会遇到挫折，不管遇到任何事情，要时刻保持积极乐观的心态，反过来想想，你是想变好还是变坏，你就想明白了，找到答案了。要时刻告诉自己，我才是一切的根源，我们遇到问题总会找外界的问题，但主要还是要找自己身上的问题。出现问题不能总看到人家的毛病，应该跟别人友好一些、宽容一些。

五是要学习学习再学习。这个世界上唯有不断学习才能开阔自己的眼界。学习对于任何一个人来说都是很重要的，很多时候都是靠自己。学习是无止尽的，总有人比你知道得多，人外有人，天外有天，这个世界上资源很多，一旦有了开阔的视野，很多事情就会更好解决。所以，大家要好好珍惜在学校学习的时间，学习真的很重要，要好好把握住。要有空杯的心态，保持谦卑的态度，才可以不断进步。还要挑战自己的舒适区。大脑有两个系统，一般人都是用的一系统，少数时候才会动用二系统，但是只有不断打开自己未知的领域，它才能够成为你擅长的领域。还要不断拓宽自己的思维，要把自己的眼界放宽，格局要放大，要想到为周边的人做出多少贡献，为社会做出多少贡献。真正的价值在哪里，一个人成功不成功不重要，你先要做一个善良的人。在这个世界上走一遭，这个路最终都是靠自己走的，你想走到哪里，走出什么样子的路，都取决于自己，然后在自己力所能及的范围内把事情做到最好。有自己的目标，还要坚持不懈地努力，以上就是我对自己工作经验的分享。

问：您成功的秘诀是什么？

答：我不认为自己是成功的人，只是一直都在不断地奋斗着，觉得自己喜欢服装这个领域，才使我坚持了下来，我认为一件事情要想成功，兴趣很重要，梦想和脚踏实地是缺一不可的。

问：童装的前景如何？

答：我认为儿童服装未来的前景是在发展上升区，每年的增长幅度是非常大的，我们国内的童装品牌是很有市场的。

问：对于想要创业的同学的建议。

答：第一个出发点，兴趣爱好很重要，创业并没有想象的那么简单，有一点做这个行业对自己而言是不是愿意一直坚持，还有这个行业是不是值得去做。你创业就要了解客户是谁，一件事情做了就要坚持做好，定位也很关键。

问：在您的公司招聘有什么要求？

答：有各种测试的课题，但是最看重的还是这个人的为人品格。接着就是这个人的求知欲和上进心，是不是脚踏实地，主要还是内在的条件，哪怕基础不是特别好，只要肯努力就好。

在立足岗位中发展自我

黄海霞，女，2015 年毕业于浙江纺织服装职业技术学院轨道交通运营与管理专业。现任宁波市轨道交通集团有限公司运营分公司樱花公园值班站长。曾被评为 2018 年宁波市“宁波好人”、2017 年宁波市“优秀共青团员”、2017 年宁波市轨道交通集团有限公司“优秀青年”、获宁波市轨道 2017 年度青年突出贡献奖、2018 年宁波市属国企青年榜样、2017—2018 年度全国城市轨道交通行业劳动竞赛“服务明星”。

大家好，我是来自宁波轨道交通集团有限公司运营分公司的黄海霞。今天我汇报的主题是岗位的认知和发展，这是我工作四年来的一些经验，我原本想的是直接从岗位开讲，后来我想大家都在学校里面，那我就说一下学习的重要性吧。

其实很多人现在都在说学习无用论，觉得学这个也没什么东西，反正我以后工作也不一定跟这个行业有关。也有人会觉得学习这东西，我走一步看一步就可以了。但是我告诉你们，你们真的踏入轨道交通也好，踏入其他专业或者其他公司也好，学习还是很重要的。因为我们那边学得好的人，可以把我们一本轨道书给背下来。那本书是600多页，你直接告诉他一道题目，然后他会告诉你编码是多少。学习好，个人气质和修养也会得到提升。高端的公司和产品都离不开知识，轨道专业也不例外。

进入社会就不再像家里那样，是父母手中的宝了，你会有一些不一样的感受。很多人都说大学是个小社会，其实是这样的，大学出来的人和职高出来的人，两个人的感觉是不一样的。职高出来的，我们就觉得他就是一个学生出来的样子，不会人情世故，而大学就是一个社会性了，你会面对很多人，包括老师可能是你的领导，同学可能是你的同事，你们会有一些矛盾，你要学会如何化解矛盾。

你们上班的时候才是进入了真正的社会，你会觉得有些东西跟你上学是不一样的，比如你要思考一下，我这个工作跟现实的情况。虽然我刚刚说知识很重要，但是你要结合实际，工作的很多东西都要结合实际，像这里对自由度的需求，我告诉你在工作上自由度是很少的。我从15号开始到现在，我就没有休息过一天。我大休经常被叫过去，参加一些活动，然后夜班是晚上9点上班，到第二天早上7点。我上夜班也是被叫过去，然后下班的时候他说要不你来参加一下，我一看值班表，这边已经排不出人来了，所以我只能过去。

在资源方面，他们做的是业绩。比如你今天业绩做足了，做多了做够了，你的确可以不上班，甚至不用来公司上班，很自由，但是如果你在国营企业，那么公司的活动要参加，公司的考试要参加，特别是考试特别多，也包括你的交流和交际。在一些私营企业，你跟上级搞好关系，或者是跟平级搞好关系，他会把自己的经验告诉你，让你少走弯路，所以交际这个东西也是你们所要学会的。你们要调整好心态，虽然你在学校可能是前几名，但是你很有可能在后来晋升考试一次次失败。另外，现在几乎所有公司都打卡，面部识别指纹，因为必须有制度，没有规矩不成方圆。如果旷工几天，该走人的走人，都是有明文条例的。当然如果没忘记打卡，公司也会让你报考勤异常。你把考勤报上去，他看到你今天上班了，就会适当考虑，但你不能每天都打考勤异常。

仪容仪表其实也是一个挺重要的环节，包括你们去面试或者参加某些活动，一个衣冠整洁的人和一个邋里邋遢的人的第一印象就不一样，所以女生有的时候化妆，也是对别人的一种尊敬感，如果你在一个公司邋里邋遢，无论是你见客户也好，见乘客也好，还是面对其他人也好，大家都会觉得这小姑娘或者这个男生怎么这么随便。印象不好，你的业务也很难谈成功。你还要放弃一些东西，如果是服务性行业，那么头发不能染，指甲不能留。

梦想还是要有的。我们要保持一个年轻的心态。像贝多芬一生坎坷，但他还是创作了《命运交响曲》。所以，你要保持好心态。如果是机电这一块，那么就请好好学习现在的所学的知识。当然，有些门外汉也很强，他们知道自己的工作有多难找，所以他们很珍惜这份工作。

我们会讲岗位的职责意义作用和职责的说明。岗位是为了组织某项任务而确立的，是由不同工种事务和职业的项目组合而成的，职责则是一种你担任的什么位置，你就要分什么样的职责。所以，岗位职责是一个人所需要完成的工作内容及承担的范围，也可以说在其位谋其职。我的工作地点是樱花公园，是一号线和三号线交接处。有一个地方是一个机房，我报修的时候三号线的人跟我一起报修了，报修完以后，机房两个公安都过来了，他们就吵起来了。我和一个值班员就在想怎么办？往上面报。所以，大家岗位还是要分清楚的。有些东西我帮你做了，是勤奋而不是本分。你要想明白，人家会帮你，有的时候只是勤奋，你跟我关系好，我帮你做，仅此而已，你不可能因为这个去要求别人。或者人家好心做错事，你不可以责怪别人，你要想到他是在帮你，而他原本是可以不帮你的。

这里写的是一个洗厕所出身的邮政大臣，到东京饭店去做服务员了。做这份工作的时候，没有想到把他安排到厕所那个位置，然后上司对他工作质量要求还特别高，必须把马桶刷得光洁如新。一般人很难接受，但是他从厕所的马桶里面舀了一碗水直接喝了下去，他明白什么是工作，什么是责任。你在一个公司里面，你没有责任心，没有一个领导会喜欢你，我们单位有个人，他完全没有责任心，我们把自己所知道的知识教给他了，第二天领导来抽查，他把所有的责任都推到我们身上，说我们教错了，或者说我们没教过。但是，这个领导是知道我们这些人的，他知道我们的业务水平，不可能会教错。还有一个例子是我在网上找的，那个公司要裁员了，下岗名单也确定了，内勤部的小灿和小晏都是一个月后要离岗的，他们很难过。一个憋着气，情绪激动，什么也不干，找同事互诉。一个就是该干的干，觉得自己还有一个月离职。等哪天不干了，我再把所有的东西交给别人。这些都被领导是看在眼里了，他不可能什么都不知道。后来领导让那个一直坚持工作的人接着上班，所以说公司永远不会嫌弃责任心强的人。

你需要跟领导沟通，跟自己的工作人员员工沟通，跟领导沟通的时候，你要讲究方法，毕竟你是他下级，但若领导心情好一点，很多时候是可以沟通的，因为不是所有领导都是一意孤行的。当然，如果你在他心情很急躁，比如刚被上级批完的时候跟他说某件事情，那么大概率是行不通的。

你们要有学习计划。我记得我考值班员的时候，我是在领导那边刚开完会，说会考一批值班人，我没有看书，我想等通知下来再看书吧。那时候我是觉得比较幸运的，因为以前是没有年限规定的，只要考上了，就有执照员上岗证。现在不是这样了。如果我们那批难考的话，我就不一定考上。

绩效就是我刚刚说的，所有的东西都会有一个考核制度，绩效在那边是很重要的，你们的基本工资就那么多，有些有一大半可以说有。如果你们绩效分数被扣完了，你的工资就基本上只有基本工资了，所以每个公司都有他们的考核制度，而且严格。每个公司都会有一个目标，实施绩效评估和奖惩。里面的绩效评估有加分有扣分，不是说人家只看到了你的差，他们也会看到你的好。当然，如果你玩手机，我觉得无论在哪个岗位，他的绩效分数都扣得很严。

我觉得我们进公司可以制定一个目标，哪怕是一个小目标，比如我想往上升一级，或我想多参加公司活动。这样的情况下你可以有所期许，无论是在金钱上还是以后的岗位上，都是有个小目标的，然后朝着目标前进，包括职业技能的培训，有些职业技能是在网上进行的，你没办法在白天进行，因为白天有自己的岗位，有自己的需求，我自己的工作。有些人就晚上不回家了，在车站学习。这方面你要自己下功夫。

你只要奋斗，只要坚持学习，是可以考上管理岗位的。我有时候想想我的路为什么那么曲折，为什么我考个站长那么难？但是想想，我还是生活在宁波这个比较好的城市，而我有个朋友他去支教了，他们在那边每天除了土豆还是土豆，这种你要出来很难。所以，有的时候你要有满足感，父母不欠你什么，至少他们尽最大能力把你送到这里来，让你来这里学习。他们已经尽力了。包括以后你们工作有的时候需要父母的时候，他们已经尽了他们最大的努力帮你，所以你不要埋怨什么。

每一个行业每一个地方都有一条出路，只是你去或者不去，我想出来可能就这么多。虽然我上班只有四年，但我经历了很多，包括想辞职、想换岗，但是我的能力就这样，我必须不断提升自己。我也想等四号线开通，如果我有资格，我想去。希望大家对于以后的生活有个计划，好好学习学校的知识，这些知识虽然不是万能的，但是能给你打下一定的基础，让你以后比那些社招的快人一步。最后，我希望你们能更好地面对一个社会，拥有一个美好的家庭和强烈的责任感。

农村是大学生更广阔的创业舞台

陈柳，2011 年毕业于浙江纺织服装职业技术学院国际贸易专业，创办了杭州陈柳农业科技有限公司，曾荣获临安市大学生创新创业大赛第一名，被评为“新时代杭州优秀农村青年致富带头人”。其创办的公司被评为“浙江省中小型科技型企业”“临安十佳巾帼现代农业科技示范基地”。

我说不上什么成功吧，但我觉得我可以给大家一些参考。我也是你们这样走过来的，当初我少一个领路的人，所以我希望我可以作为一个例子，给大家带来一些感悟。接下来，我就给大家唠唠我大学干了什么。我跟你们一样，上大学时把自己所有想做的事情全部尝试了一遍。唯一遗憾的就是没有卖过房子，现在还遗憾。我还做了一件我觉得很骄傲的事情，就是我把整个班那个兼职全部安排好了，然后告诉他们自己今天干什么，明天干什么，后天干什么，所以我在这个期间也积累了很多的经验。我现在是毕业 6 年，对于很多人来说，我其实算蛮幸运的，因为对于我创业，父母是很支持的。但是，很多人的创业得不到父母的支持，没有第一桶金。我记得我第一份工作是在香格里拉酒店端盘子，后来是做维达纸巾销售，所以大家一定要多尝试，多试试看，这样才知道自己以后要干什么。

我简单给大家介绍一下我做的一些事情吧。我大三的时候就在外贸公司做了一年，然后我发现我这个人责任心太强了，不太适合给人家打工。所以我爸问我要不回来跟他一起干。我们那里有一种很小的牛，3 年就 100 多斤。但是，这个品种的牛在全国很少，我爸就这样跟我讲，如果这个品种大家都不养了，这个品种就没了。我觉得一个农民能说出这样的话，让我很感动的。然后我就调查了市场，发现这个市场上面没有真正的黄牛，这个市场太大了，我要回去干这件事情。于是，我就跟我爸讲，我说要不我回来跟你一起干。然后，就这样回去了，一干就是 6 年。

我们公司叫杭州陈柳农业科技有限公司，公司于 2016 年 5 月创建，注册资本 100 万元，公司位于杭州市临安区清凉峰镇大鹄村桥头 119 号，专注于马啸小狗牛养殖技术研发、生态养殖与品牌推广。公司采用“公司 + 合作社 + 科研机构 + 销售团队”的发展模式及线上线下营销的新兴模式和签约农户合作特色经营方式，已拥有 5 项实用新型专利，另有 1 项国家发明专利正在受理中，公司曾获央视等十余家新闻媒体报道。公司现有马啸小狗牛 100 余头，其中繁育母牛 50 余头，牧草蔬菜基地 100 余亩，生产管理用房一幢计 90 平方米，标准化栏舍 2000 平方米，青贮池 300 立方米。

我们现在有一个农场，一个牛主题民宿，还有自己团队。我们采取“公司 + 合作社 + 科研机构 + 销售团队”模式。因为都是供不应求的，所以我们是跟农户、科研院所一起做的。后来，量跟不上，我们就把种牛给农户养，年底检测合格后高于市场价格统一收回来，统一品牌销售。还有很多媒体找上门帮我们做广告和推广。现在，有 60 多个农户跟着我们一起干，已经形成了两条生态养牛链。养殖业最怕的是污染，我们现在做了牛粪系列产品，牧草全是自己种的，也做了很多的专利。我们现在主营的产品有两种，一个是生鲜牛肉，一个是牛肉制品，还有一部分是牛粪系列产品，就是用牛粪种的瓜果蔬菜。在场的有没有对品牌感兴趣的，以后想成立自己的品牌，或者要打造个人 IP。日本的雪花牛肉，三四千块钱一斤的牛肉，我们也研究出来了，国内没几家能做到，但我们做到了，只是我们的营销还没跟上。做农业属于重资产，所以我们投了很多钱，然后砸了钱，然后收成又砸。其实，从现在开始就可以做个人营销了，做自己的品牌 IP。我创业其实是重资产，我把所有的钱全部都砸进去了，其实这是不对的，应该轻装上阵，轻资产。你们可以想一下，我们现在能做什么，投入产出比大家一定要想一下。不是说我要一千万才能创业，不是这个逻辑。对关键技术的研究与创新是公司保持生态牛养殖的核心。公司的成就和个人荣誉：公司目前已拥有牛养殖场用粪液处理设备、牛养殖用养殖棚、养殖牛冬天饲料一体化制备装置及其方法、利用玉米秸秆粉碎发酵的牛饲料机、一种利用动物粪便和植物肥料制作生物肥料装置 5 项实用新型专利，另有 1 项国家发明专利正在受理中。下一步将在店铺设计、策划推广、广告投放、质量监管等方面注重品牌的塑造。公司被评为浙江省美丽农场、浙江省中小型科技型企业、杭州市优秀家庭农场、临安市巾帼现代农业科技示范基地。我个人入选全球农商新农人“乡村振兴千人计划”，被评为新时代杭州优秀农村青年致富带头人，入选杭州市大学生杰出创业人才培育计划，荣获临安市大学生创新创业大赛第一名，被推选为杭州市青年联合会第十二届委员会委员。

公司的发展规划：近期目标（2019—2020 年），加强产学研合作，开展马啸黄牛牛种优化研发；完善电商平台建设，植入科普、趣味等体验农业元素。中期目标（2021—2023 年），完善民宿项目，打造畜牧、食品、旅游、文化等完整的产业链。建设现代标准化基地和可追溯智慧农业体系。长期目标（2024—2029 年），成立创业基金和众创空间，带领更多新农人创业，形成地域品牌，为全国牛养殖业树立好的典范。

问：你是靠什么意志力坚持下来的？

答：一个是受我爸影响，另一个是做这个事情要有点意义。今天我花4个多小时过来，我是想给大家分享一下我的经验。不是说我们现在有多少的业绩、赚多少钱，我觉得这个不重要，重要的是给大家一个方向，让大家毕业的时候不会迷茫，并从现在就开始努力。我觉得大学真的有大把的时间，如果早一点做准备，可能毕业后会顺利很多。做自己喜欢的事情，你跟着别人干也行，但一定要有目标，这样干起来才有劲。

问：从城市回到农村推广这个科技养殖。您是怎么和村民交流的？

答：回乡创业最大的一个困难并不是舆论压力，而是村民。要在本村立足，你要做出点成绩来，大家才会认可你。我回去的第一年，其实舆论压力很大，一个大学生回来养牛，在村民看来，最不会读书的才回来养牛。

问：自主创业和合伙创业那种比较好？

答：如果你有志同道合的人，我觉得合伙创业是蛮好的事。这里我分享一个个人观点，就是做任何事情，你在前期要积累很多的资源，人脉资源、资金等，各种资源都要积累好，然后你才能创业。所以，我刚刚跟那个女生说，不一定要有几千万才可以创业。比如，现在做短视频，短视频又分很多种，有些就是靠重金砸出来的，但是有些是找了一个很好的一个入口，不需要投入很多钱。然后是选项目，选项目比较重要，选完项目之后，你再决定要不要找人一起合作。如果你觉得你的素质全部满足了，这些你都搞得定，那自己来。如果你搞不定，你就找身边最优秀的人，这个很重要。合伙创业的钱其实不是最重要的，人才最重要的。合伙创业并不是出钱就可以的，合伙最看重的是人品。

问：创业怎么样才能赚到钱？

答：帮人家解决问题。你能把它做好，这个就是你能创造利润的点。其实创业很简单，但是要用心，你一定要发现这些问题。你发现的问题就是你的钱，就这么简单。

问：提升自己时应该更偏向于那种可以看到的什么证书之类的，还是在社会实践中提升自己的口才、情商之类的？

答：我是一个比较折腾的人，我上大学的时候带了两届的啦啦队。我是学生会选举的时候票数最高的，然后我去了女生部，因为我目标很明确，就是我喜欢什么事情就要干。我觉得证书什么像四级这种，如果你是奔着以后要入职，比如考公务员，那么这种其实蛮重要的。但如果你目标就是要己创业，那么这些证书确实不重要。所以，每个人的出发点是不一样的。如果你以后是要创业的，那你就奔着那条路走。如果你是要入职的，如要考公务员，那你现在就可以看书，做准备了。所以，大家一定要珍惜这个时光。

我们也做了很多的尝试，我们做了微店，做了淘宝，做了公众号，还做了知乎、抖音。有一个平台叫新石化，大家知道吗？"千人计划"要培养1000个做农业的大学生，每个区大概是一个吧。然后把这些人给召集起来，如此中国最好的农产品都有一个对应的人，社会资源就是这么来的。现在你们坐在这里，我就是你们的资源。我记得我爸在我很小的时候跟我说过一句话，他说你什么朋友都要交。鱼有鱼的路，虾有虾的路，虽然说这个话很土，但是很有道理。这是我们之前做的一个目标，现在基本上都完成了，就差一个没完成。我要把我们的小狗牛做成一个地域品牌。来临安，大家都知道有山核桃，我希望有朝一日听到临安还有小狗牛，这是我的目标。跟大家分享一下我们为什么要做这个事情。我做任何事情出发的逻辑，讲得土一点，就是赚钱。赚钱要这么赚，那就是不断解决问题。畜牧业最难的是什么？环保，环保是最难的，把这个问题解决了，钱就来了。所以，你们也是一样，创业，你要观察它，然后看其内在有没有什么问题。这个问题可以帮你找到第一桶金。因为我们要养牛嘛。我们种了很多种草，刚开始的时候10来种，什么国内的、国外的，都没有成功。网上买那种草籽长不起来。本来卖家说能长几米的，我买的就长不高。然后，我们就去畜牧局跟他们讲这个问题，我们这个草籽确实搞不定，接下来该怎么办。后来，畜牧局把临安市所有类别的草籽全部发给了我们。所以，中国创业还是要跟着党走。因为我们是大学生，如果你要创业，那么可以跟着政府走，事实上，政府还是很鼓励大学生创业的。你们现在就可以计划这个事情了。

问：你在抖音推流过程中有什么有趣的故事，还有可以分享吗？

答：如果大家要做，我分享几个个人的观点，就是你要走哪一条路？你们不要想要做全品类，切入点要小一点。切入点要想好，想好之后再决定要怎么做。先选品，这是第一点。选品之后怎么做？你们去找这个品类做得好的账号，去看看他们是怎么做的。这个就是踩在巨人的肩膀上往前走了。然后再组建自己的团队。一种是你的团队要很专业才行。另外一种是你一个人开发也可以。回归到第一点，选项目，投入产出比有些确实是比较简单，就是自己开发。但有些你要是大团队、大制作才能有这样的达到这样的效果。我再举一个具体一点的例子。第一，是知道你要做哪个品，这个先选好。第二，你要把你们对标的账号找出来。第三，你的团队怎么做，要想好。然后才是后面的事情。为做任何事情零到一是最难的。这个账号起得来起不来两个月就知道了。如果两个月这个号没起来，你就不要做了，换一个。因为我们手里做了很多号，我们就是这样做的。而且，现在抖音已经慢慢成为正规军了，我觉得大家资源很好，因为大家空余时间很多，而抖音的投资也不是很大，对于大家来说，这是能做的一件事情。或许你们做的比我们好呢？我也看到很多大学里面在拍抖音的，关注度都是很高的。

我的匠心

史柳军，现任太平鸟集团有限公司样板师，2020年浙江省首届技能大赛“时装技术”项目第一名，全国邀请赛“服装设计与制作”项目第一名。先后荣获“宁波市首席工人”“港城工匠”“浙江省首席技师”“浙江工匠”“全国优秀农民工”“全国纺织工业劳动模范”等荣誉称号。

今天非常高兴能与同学们分享自己对工匠精神的理解。

一、我的成长经历

1. 我的成长故事

20 年前，我的父母都是老裁缝，我是小裁缝，每个节假日，我都会跟在父母后面，帮父母扦边、锁眼等。那时候，我对读书不是很擅长，当时学习条件很差，学习环境也很差，我的父母对我的学习要求也不是很高。小时候，我对服装的认识就是低着头干活儿，说心里话，我并不是很喜欢裁缝。1999 年 10 月，福建人民警察部队来镇上征兵，一听是武装警察，我就觉得很诱人。我想，来都已经来了，索性试试，就参加了检查。结果通过了体检，12 月穿上了军装。到了部队，经历有苦也有甜。苦的是一天不仅要跑好几十公里，还要在地上摸爬滚打；甜的是在部队不断磨炼一个人的意志，使自己意志更加坚定，自律性更强。退役之后，我做过两份工作：第一份是做银行的押款员，工作就是看管钞票的安全；第二份工作，是担任村里的团支部书记，工作很轻松，但这种生活并不是我所想要的。后来，我选择了和父母一起开服装裁缝店，专门定制服装，包括男装女装。两年以后，我觉得裁缝学得差不多了，就选择了进企业工作。外企待遇不错，开始的几年，我和公司一起打拼、成长，但慢慢地产生了追求安逸的心理。后来公司倒闭了，年近不惑的我一下子有了危机感。再次走上社会找工作，我发现，那几年自己贪图安逸，没有坚持学习，导致自己的服装技术落伍了，对服装的审美也跟不上时代潮流。为了能够在新企业干出名堂来，我拿出了当兵时那股不服输的劲头，决定回炉重修，努力突破技术瓶颈。为了提高本领，我利用业余时间想方设法向服装行业的专家请教。我找到了国家首批服装样板师鉴定高级考评员、宁波培罗成集团有限公司首席技师潘超宇和浙江纺织服装职业技术学院副教授陈尚斌，在他们那里反复学习制版技术、样板处理等。因为我知道，只有把技术学好，才能在服装界扎根，才能从中真正体会到精益求精的工匠精神。后来，老师们说技术有了，希望我提升一下学历。我进入我们学校产扩班学习。这主要有三方面的原因，第一是为了学习更多知识；第二是可以认识很多老师和同学；第三是实现自己的大学梦。跟着老师学习，我才真正懂得什么是精益求精的工匠精神，差一点儿也不行。只有过硬的技术才能赋予工作上更多的底气和信心。特别是我们服装样板师行业，时尚理念快速变化，只有不断地学习创新，才能跟上时代步伐，创造更大的价值。就读浙江纺织服装职业技术学院之后，我学到了很多之前没有接触过的知识。结合我以前学到的技术和陈老师教我的技术，再加上学校学到的知识，我在家里反复练习，每次的比赛前，我都会练习到很晚，甚至到凌晨。我虽然已经四十出头，但是我的内心还是二十多岁。我的心里有两个想法，一是培养几个积极上进的徒弟，二是点亮一些想成为工匠的人的梦想。

2. 我目前的小成绩

我的个人荣誉：

2016 年，荣获北仑区“青年岗位能手”；2019 年，荣获“宁波市首席工人”；2019 年，荣获宁波市“技能之星”；2020 年，荣获鄞州区“鄞州工匠”；2020 年，荣获鄞州区“鄞州金匠”；2020 年，荣获宁波市“技能之星”；2020 年 12 月，荣获“浙江省首席技师”荣誉称号；2020 年 12 月，荣获国务院颁发的“全国优秀农民工”荣誉称号；2021 年 4 月，荣获“港城工匠”；2021 年 4 月，荣获“浙江工匠”；2021 年 5 月，认定为宁波市 C 类人才。

个人参赛成绩：

2019 年，宁波市技能之星“服装设计与制作”项目中荣获第一名；2019 年，全国邀请赛“服装设计与制作”项目第一名；2020 年，宁波市技能之星大赛“时装技术”项目第一名；2020 年，浙江省首届技能大赛“时装技术”项目中荣获第一名；2020 年 12 月，中华人民共和国首届职业技能大赛“时装技术”项目中第六名。

个人教学经历：

2017 年 6 月，受托出任技能大赛培训师，给浙江省残疾人服装工匠大赛的宁波选手进行为期一个月的培训，参赛的五名选手分别获得浙江省第一、三、四、六、七名的好成绩；2019 年被浙江纺织服装职业技术学院聘为客座讲师；2021 年被宁波大学聘为硕士研究生兼职导师。

二、我心中的工匠精神

工作不只是赚钱的工具，在工作中，要树立一种执着精神，对所做的事情和生产的产品精益求精、精雕细琢的精神。因为是真正的热爱，所以你的时间利用率得到了成倍的放大；因为是真正的热爱，所以再苦再累的工作，你都可以甘之如饴；因为是真正的热爱，可以激发你无穷无尽的灵感；因为是真正的热爱，所以与之相对应的才华，得到了成倍的发挥。要做自己擅长的事和自己感兴趣的事。兴趣和擅长其实是一回事，因为有兴趣，所以才会专心专注，才愿意花更多的时间，能克服更多的困难，从而越来越擅长；因为擅长，所有更有兴趣。兴趣和擅长两者是一个良性结合体。也是我们在职业发展中，取得竞争优势的重要基础。如果不擅长，总是竞争不过他人，那么兴趣就消失了；如果没有兴趣，那么，学习就没有主动性也，又谈何擅长？如果从深层次分析，擅长和兴趣，跟人格存在直接的关系，所以我们要做职业规划。为了心中的热爱，而坚持梦想。工匠路没有终点，只有新的起点。勇于创新，突破瓶颈。每天进步一点，每天突破自我，就能始终走在前面。每个人都要有一颗拳拳的爱国心，大家时刻都要牢记，身为中国人，我们要热爱自己的国家，热爱我们所处的城市，热爱我们的学校，热爱我们生活的家庭，只有这样，你才有为你所热爱的国家、社会、学校、家庭而努力拼搏的目标与动力。

一个人如何成为匠人？要做到热爱、努力、突破、闪光、回报。首先，要热爱。择一业，终一生。成就匠人的唯一途径就是热爱自己的事业，一旦选择了职业方向，你就必须全身心投入到工作之中。热爱自己的工作，你必须穷尽一生磨炼技能，这就是成功的秘诀。其次，要努力。竞赛场上没有奇迹，只有场外足够努力，才能创造奇迹。我曾经看过一本书，书名为“异类”。书中提到，人们眼中的天才之所以卓越非凡，并非其天资超人一等，而是付出了持续不断的努力。一万个小时的锤炼是任何人从平凡变成世界级大师的必要条件。这就是所谓的一万小时定律！假如一个人对他的工作抱着足够多的热忱，保守估计，他一天工作的时间为 16 个小时，那么，积攒够一万个小时所需要的天数是 10 000/16=625 天，也就一年半。最多快两年，就足以让你胜任这个世界上的大多数看起来似乎很有技术含量的岗位。第三，要做到突破。为了心中的热爱一定要坚持梦想，工匠路上没有终点，只有新的起点。要勇于创新，突破瓶颈，每天进步一点，每天突破自我，就能始终走在前面。第四，要闪光。工作上要有积极主动的态度，敢于展现自己的魄力，追求极致。第五，要有回报。

校园生活有竞争、有压力、有失意、有泪水，但主旋律永远都是积极奋斗拼搏的豪情壮志！我们要热爱校园生活，致力于提升个人素养品质，全心投入每天的学习和校园活动。相信我们的每一份努力都会成就一次小小的突破，每一个达成目标的过程都是我们的闪光经历。让我们一起点燃饱满的学习热情，一起为成就匠人、登上顶峰而努力奋斗吧！

读书明理、知行合一

李皓，男，1984 年从事新闻工作，历任宁波人民广播电台播音员、主持人、总编室主任、台长助理，宁波经济广播电台台长，2000 年出任宁波广播电视报社总编辑，2006 年调任北京团中央工作，2015 年创办十里红妆书店，2017 年出任电台 FM105.2 总监，2019 年出任宁波市皓哥读书志愿服务中心主任。

我演讲的题目是读书明理，知行合一。我们先调整一下坐姿，脚踏实地，认认真真地思考两个问题：我们到底为什么读书，读书的意义在哪里。我 19 岁开始做媒体，1984 年，我以一个高中毕业生的身份参加社会工作。我高中毕业由街道负责安排工作，然后家访到我家，我就成了一个光荣的工人。当时，我希望有一个光明的未来，希望有一个稳定的工作，希望有特别好的事业，有甜美的爱情和家庭，当然，还有治国平天下的鸿鹄之志。读书改变命运这种想法，是我们中国人的文化心理，对于我们整个民族来讲是根深蒂固的。

皓哥长成记

在今天的分享中，我给大家准备了一些小故事。从农村户口到城镇户口，这是一种翻天覆地的变化。人的身份就如同胎记，是非常难改变的。19 岁进入到工厂工作的我是全村人的希望。当时的高中生是知识分子，我进厂时，负责技术的副厂长就宣布我为其关门弟子。来教我们的是一个师兄，师兄每天吹胡子瞪眼睛的比师傅还狠，因为师傅是副厂长，也见不了几次。但是，历史的车轮走到这个时候，中国的命运就开始改变了，个人更是如此。1984 年，宁波这个城市只有宁波人民广播电台，还有一个有线广播，报纸是油印的《宁波大众》，电视都没有。900 个人竞聘 20 个岗位，经过一层一层考试，过关斩将，最后我侥幸过关胜出，成为一名国家干部。

读书是要观照人生的，今天我们看到的读书现象，越来多的人把它变成一种摆拍，或者说是一种形式，或者是忧国忧民的数据。中国人要用读书改变个人、家庭和民族命运，这个观念一直没有变过，我反省我个人发现，这种优秀文化的内核还在自己的血液里。

1984 年 10 月 17 日，浙江书展正式落户宁波，宁波这个以书香闻名的城市，举办了第五届浙江书展。在这个书展上，我们迎来了很多重大的活动，有许多高水平的老师和专家参加。让我们感到骄傲的是，开幕式上有一项由我们创作表演的诗朗诵，宁波市委书记来到我们书展展厅视察交流。这个书展从无到有，到现在办得越来越好，所以有时候我们虽然看不到希望，但是要守住那一点小火苗，人生也是如此。今年人大以法律的形式通过了每年的 4 月为宁波的读书月。林徽因有一句话叫作“你是人间四月天”，结合这个就很好记。为了纪念王阳明，以他的生日 10 月 31 日作为书香宁波日。

我经过六年的努力，使"皓哥读书"每年都有一些新变化，线上做阅读推广，线下做志愿服务。我们从事阅读推广之后，发现大家对阅读的理解和读书的方法越来越需要专业化的服务，因为有些人会想不起来或者不知道读什么书好，这时就出现了一个问题：为什么读书，或者说碰到什么问题之后读什么书。

我们在书展上进行的海丝小脑瓜小朋友的比赛，通过朝气蓬勃的学子去传播海丝文化，鄞州区的参赛人员有3000人，带动一个家庭三代人读书，产生了良性的互动作用。我们对读书这件事情会从过去一个人读书到今天的变化，比如，拿着手机一起连续读书。其实拿着手机是很难抗拒懒惰的，因为不知不觉抖音一抖一刷，两三个小时就过去了。在这里特别给大家介绍叶辛文艺大师工作室，受市委市政府的邀请，叶辛老师的工作室落户宁波。这是一件宁波的大事，与其他的12位文艺大师带动了宁波整个城市的文学艺术。这几年下来，我们"皓哥读书"团队得到了锻炼和成长，借今天这个机会也向我们的师生发出邀约，也欢迎大家加入到"皓哥读书"志愿者服务的队伍。我们现在看到喜马拉雅、凡哥读书会等各种各样做的非常棒的线上读书的工具，但是，我们在这个城市里面跑在前面，我们更希望用这个读书行动使更多线下的人得到帮助，线上有更辽阔的空间。叶辛老师他是和共和国共命运的，他用他的眼睛、用他的心去感知共和国的每一天，写下了一篇篇的散文，为后人留下了非常伟大的知识或情感的记录，被誉为"知青文学的鼻祖"。他写下知识青年上山下乡这一段共同的命运，从上海下乡到了贵州去改造，他除了劳动，就是勤奋笔耕记录生活，不断地学习成为了一名伟大的作家。他的代表作有《蹉跎岁月》《孽债》，一位70岁的老人创作仍然如火如荼。这里分享一下叶辛老师的名句："山坡是主，人是客"，面对大自然，我们人类是非常渺小的。白天你看到的是湛蓝的大海，晚上再看大海我相信你会非常恐惧，甚至会泪流满面。因为大海又黑又冷，风是钻心的凉，让你初次接触到它就感觉到非常的绝望。天、地、人和日月星辰是需要我们用心去体会和揣摩的，山坡不管大小它都一直在那儿，但是在那儿耕种和生存的人却是一直在变化的。同学们，你们应该回想一下，当初离家出来求学时父母对我们期待的情景，你们内心的小火苗现在还剩多少？我们要时时记着那个场景，要学会惭愧，这样才会不断地向前。山坡是主人，不是消极的态度，而是我们认识自然规律之后珍惜我们的生命，珍惜我们的时间，让自己有限的人生活得精彩，活得有意义，对我们赖以生存的自然要有所作为。

今天既然是和大家来分享读书的感悟、读书的方法，我们还是来看看名人名言。我觉得从最初的一幕到现在，说心里话，就是希望大家回想为什么读书，读书改变命运大家都是知道的。但是，为改变命运而读书又谈何容易，这的确是一个循环，我们读书真的用心用力了，我们需要向我们周围的同学学习，按照老师所要求的那样仔细去检查，同时我们知道孟母三迁、悬梁刺股等很多励志的故事。今天我给大家讲几个小故事，你们很熟悉的人，但你们不一定知道，比如欧阳修。他小时候挺悲惨，四岁失去了父亲，家庭生活非常拮据，他的太夫人用芦苇秆在沙子上书写，使他得到了教育，再后来，他学到了很多东西，又进一步向附近的高知去学习。孔子小的时候的成长历程也是如此。他的妈妈每天纺纱织布，为了让他有一个好的学习环境，背井离乡地带他去学习。在那个时候如果是一个没有证明身份的人带着孩子去外面求学是会被别人鄙视的，但是孔子一直很努力地去学习，他是学霸。后来，为了减轻妈妈的负担，他去死人的人家当吹鼓手换腊肉，但他总是看到母亲脸上悲伤的神色，因为他母亲从来不希望她的孩子当吹鼓手，还是帮别人送葬的，所以当他明白了母亲的心意以及真正发现自己的志向，他的做法改变了。他积极进取，成了万世师表。不做重大的舍弃，不加以坚持，是不会有成就的。范仲淹两三岁时就没了父亲，母亲也改嫁了，他的成长经历非常坎坷，最后成为了政治家和文学家。他的整个过程发愤图强到了常人难以想象的地步，五年时间和衣而卧，五年睡觉都不脱衣服。

在我和你们一样大的时候，在宁波的许多街头，昏黄的街灯下面，时不时就会看到在灯下围着读书的人，这就是二三十年前的情景。因此，我想说今天来到这里，读书最重要的是励志，我们前面说的这么多“灯下”，如果归结为两个字，就是励志，人一定要想明白自己这辈子要做什么，而不是这辈子我要通过读书做什么。如果一想通过读书做什么，就说明你是个读书人，你可以通过读书改变命运，改变很多，但是我们还是本末倒置了。我们红帮大讲堂要讲真话，要有匠心，一针一线地缝出新天地，学以致用。当你明白了自己真正要去干什么的时候，你就会发愤图强。这是一个特别大的问题，为什么而读书，很多人都不明白。现在出现了一个现象：

拒绝成长。为什么说拒绝成长，邓小平说过，我二十几岁就已经是大官，读了很多古代典籍，二十几岁就已经非常牛了。能学习的、会学习的、抓住几句话听进去，就会受益一生。鄞州区塘溪镇沙村，一个妈妈培养了五个孩子，个个都很厉害。其中，沙文求二十出头就牺牲了，他曾是广州市委宣传部长。我们读书的时候要去找营养点，找可以激励我们学习的地方。除了读专业的书籍外，还要读闲杂的可以开阔眼界的书。我们需要读一些散文，读一些诗歌，读一些美妙的文字。阅读就像在一条河流里穿行，左岸是理性，右岸是感性，这面是刚强的，这面是阴柔的，所以读书要广泛，像《新华字典》这种必读书一定要反复读，经常用。至于这本书的好与坏，只有你读了之后才能分辨，再读更多的书才能总结出我喜欢的书是什么样子的。读书明理知行合一，知书与达理是有区别的，我们读书的目的是真正让我们知道做人的道理，是真正明确做人的目标、工作的目标、生活的目标，明白我想做个什么样的人，然后去行动。读过的书将成为你一块一块的砖，你不用担心这个阶段我读了这部分书没用，继续读下去一定会收获颇丰。

下面时间回到我的主业上，就是我们在读书时要发出声音。经典要反复吟诵，才能内化于心，成为我们的智慧，才会成为血液中我们中华文化的基因，因此，我希望大家要高歌放声去读。大家要大声地或者小声地有感情地把书读出来，读是中国人的学习方法。遗憾的是，目前在中国的语文课堂上，百分之九十五以上都没有诵读教学，这让我感到非常沮丧，同时是我的动力。“皓哥读书”有一个重要的抓手，就是朗读吟诵，用一切有声语言的方法，让大家喜欢上读书。我们一起来念一首我们都知道的古诗词，大家调整坐姿，不要靠在靠背上，“悯农，锄禾日当午，汗滴禾下土，谁知盘中餐，粒粒皆辛苦”。在你们的大脑里内存里要有画面感，调动一下我们试试。

千字文是南朝皇帝指定、许多大学士编制的，已经传承了很久，1000个字几乎不重样，里面天文地理全部囊括，大家跟我一起念一下：“天地玄黄，宇宙洪荒。日月盈昃，辰宿列张。寒来暑往，秋收冬藏。闰余成岁，律吕调阳。云腾致雨，露结为霜。金生丽水，玉出昆冈。”

“清明时节雨纷纷，路上行人欲断魂。借问酒家何处有？牧童遥指杏花村。”慢慢读书，可以释放我们内心的痛苦，在我们人生不同的阶段，都有一本好书等着你，不要哭爹喊娘，人生很多时候都会不顺心和不如意，都需要求教书本。这个世界任何成功的人，他的第一大爱好就是阅读。我也希望你们能爱好阅读，遇到特别伤心的时候，刻骨铭心的爱情失败的时候，我希望你读一本书，这本书叫《心碎是爱情最美的样子》。在人生的路上，你不可能经历太阳底下独一无二的悲伤，你也不会经历前无古人后无来者的事件，如何安全地度过一生，如何幸福地度过一生，如何体现自己的价值，其实在人生的各个小站上都有非常好的书等着各位。因此，我希望大家养成阅读的好习惯，用一本本书伴随着自己，帮助自己走上幸福的人生之路。特别欢迎各位来到我们“皓哥读书”志愿团队，扫码填表登记，这是一个心意。“皓哥读书”志愿者服务中心是在宁波市精神文明办公室指导下开展工作的，我们用各种有效的方法带动更多人读书，分享我们的故事，也帮我们的红帮裁缝把我们的匠人匠心、把们的时尚和我们的模特，我们所有的课都带到一个一个“皓哥读书”学习交流的点。没有一样东西不是书，每个人都是一本书，每一处山水都是一部书，未来在身边你可能会看到挂着“皓哥读书”的横幅在社区里有职工做服务，提供着相对应的帮助。未来希望我们既是阅读的人，还可以传播阅读的理念。谢谢各位！

问：这几周都读了什么书？

答：我们现在已经成为一个阅读组织，所以做事要做规划，如年度宁波书单，就是反映整个宁波不同阶层的人的阅读指数。最近读的一本书就是叶辛老师这本书，这是必须读的。我们线上线下都有，一扫里面的二维码全部内容都可以呈现出来，里面视频和文字都有，关键是后台是我们的。

问：读书是为了什么？

答：为了找工作，为了以后更好地生活。要先学一点儿专业知识，能应对未来的一个变化；其次可以提升自己，使自己成为一个更优秀的人。

问：你的志向是什么？

答：齐家、治国、平天下。

从学徒到国家级传承人之路

吴元新，中国工艺美术大师，首批国家级非物质文化遗产蓝印花布印染技艺传承人，中国民间文艺家协会副主席，中国染织艺术研究学术委员会主任，江苏省非物质文化遗产保护协会副会长、江苏省工艺美术学会副会长，文化部非遗传承人评审专家，“山花奖”评审委员会副主任，国家艺术基金评委，教育部艺术硕士、博士专业学位水平评审专家，享受国务院政府特殊津贴。现任南通大学非物质文化遗产研究院院长，南通蓝印花布博物馆馆长。

今天，很高兴有机会来到学校，同大家一起分享我的成长经历。

一、家族传承 建馆传播

我从小是在母亲的纺纱织布声中长大的，看到的是母亲纺纱、奶奶织布、父亲染色的一个场景。我从小的理想就是当一名染布能手。后来，蓝印花布厂招工的时候，我是第一个报名的。实际上我进去的时候比在座的同学年龄还小，只有 16 岁。在染坊里边做学徒很艰苦。那时候天天纺织，天天洗布，天天染布，天天晒布，工作很枯燥。做了一段时间，我感觉这不是自己想象的工作，我想要求调出这个厂。后来，母亲说，荒年饿不死手艺人。如果能学个手艺的话，今后无论我走到哪里，都能够吃上一碗饭。后来，我坚持了下来，从此以后，我总是第一个进染坊，最后一个出来。一年以后，我被评为了年轻的染布能手。后来，我就开始学习画画。我们在座的同学，可能也是经过美术考试进来的。如果，我们要帮日本人设计纹样，就先要懂得画纹样。那么，我们就要每天到文化馆去学习素描，学习色彩。我是后来考入江苏省宜兴陶瓷工业学校的。那时候是一个中专，我当年 23 岁，已经辍学八年，然后考上了这个中专学校。我师父和我说，你一个做染布的，考上一个做泥巴的学校，应该没有什么很大的益处，这去不去也无所谓。这时，也是我母亲鼓励我，既然是一个学校，那肯定会学到很多美术方面的基础的东西，可以把你的图案画得更好。所以后来我就上了这个当时的宜兴陶瓷学校，现在改名为无锡工艺职业技术学院，也是一个大专。那时候在学校里边，我每天晚上一个人在图书馆画纹样，画图案，把我学到的老师教的纹样融入了我的蓝印花布的设计中间。

二、收藏立档 出版研究

从学徒时期开始，我在母亲“把蓝印花布的技艺做好、做精”的鼓励下，一路坚持，并将这一传统技艺传承到了下一代。我们一家都是蓝印花布的非遗传承人，为了让蓝印花布更受重视和保护，我在学成技艺后开始走访各地，收集老一辈人珍藏的蓝印花布。经过不懈努力，我走遍了全国 22 个省市、378 个蓝印花布主要乡镇，至今我已经创新了近千件蓝印花布纹样和文创产品，收藏了三万多件古旧蓝印花布、十万多个纹样，出版了国家重点图书《中国传统民间印染技艺》等十部著作，主持《中国蓝印花布纹样研究》项目，并建立了蓝印花布博物馆。为了让更多的人了解蓝印花布，我把蓝印花布带进了校园，让青年学子们感受传统艺术的美，并带领学徒进行学习创新。当传统遇到时尚，创新是必然的选择。我将木雕、漆器、陶瓷等艺术品中的元素与蓝印花布相结合，转变了世人眼中对于传统花布"土"的认知，让蓝印花布成为一种新的文化潮流，成为生活中出彩的元素。我还将自己一生的技艺、经历和心爱的蓝印花布带向了各个国家和地区。我们的第一夫人彭丽媛女士在外出访问时，曾身着蓝印花布的服装向外国友人展示我们的传统技艺，让我们的传统文化走出国门，走向全世界。传播、发扬我们的优秀传统，传承、保护我们的非物质文化，让更多的人知道蓝印花布的发展历程，让更多传统元素融入我们的生活，是我毕生的追求。相信在众多非物质文化遗产传承人的共同努力下，我们定能看到传统文化的持续发展，见证"今天的作品成为明天的历史。"

至今为止，我已经出版了十多本关于蓝印花布的专著，申报了国家级社科基金艺术学的重点课题，去年还被评为全国蓝印花布传承人中唯一的二级教授。我不仅要把技艺做好，还要做研究，甚至要做传承。迄今为止，我收藏了 4 万多件，17 万个纹样。我这些东西，要让全国很多的设计师，要让喜欢我们蓝印花布的人看到，出版是最好的途径。那时候，我女儿刚从中国艺术研究院毕业，她的选择本来是留校或去国家博物馆工作，冯骥才先生、韩美林先生都劝她回来继承我们的技艺，我当时是很犹豫的。后来经过引导，她从不喜欢、自卑，慢慢到喜欢、自信，再到跨入这个研究的行列，很快乐地做她的研究和传承，现在她已经真正喜欢并完全融入其中了。所以同学们，要做自己喜欢做的事，找自己喜欢做的东西，刻苦努力地把这门艺术学好。学好了以后，你才能够了解，了解了才能够喜欢，喜欢了才能够把自己的事情做好。所以大家在学业上一定要勤奋学习。

三、染坊带徒 院校教学

我作为一个传承人，在带徒方面运用了家族传承、社会传承、院校传承等立体式传承方式。首先谈家族继承。做蓝印花布技艺传承，脏、苦、累一直是阻碍年轻人坚持下去的主要原因。现在的孩子都是独生子女，我女儿也是。如果她不做蓝印花布，那就没有年轻人愿意跟我做了。我想，不但要女儿做，而且要女婿一起传承。现在我们家是四代人在做蓝印花布：我 93 岁的母亲、我、我女儿、女婿和我八岁的小孙女。让蓝印花布走进小学、走进中学、走进大学，是我们几代人的追求。我女婿原来在浦发银行工作，后来辞职学蓝印花布，由于他个子高，有一次还栽进了染缸，弄得满脸全部是蓝色。当时他很气馁，后来就做工作，希望他能够坚持下去，做蓝印花布的非遗传承人。现在他已经是蓝印花布的市级传承人，我女儿是蓝印花布的省级传承人，我是蓝印花布的国家级传承人，现在已经形成了一个良性循环。我小孙女第一次说话的时候，我们问她："你喜欢蓝印花布吗？"她说："喜欢。"我们听后都很激动，眼泪都要掉下来了。我现在有两个孙女，都是冯骥才先生给起的名字，一个叫抒染，意为抒发美丽的印染；另一个叫美印，意为美丽的印染大业。冯骥才先生希望我们家能够把蓝印花布一代一代传下去，他认为，家族式的传承是我们社会的一种重要的传承方式。其次是师徒传承，以及社会传承、院校的传承。家族式的传承、社会传承、院校传承、师徒的传承，构成了立体式的传承体系。我是第一个被南通大学引进的国家级非遗传承人，兼职教授。十二年前，南通大学的党委书记顾晓松接待专家教授都到我们蓝印花布博物馆来。有一次，他带复旦大学杨玉良院长看我们的文化遗产就到蓝印花布馆来了，杨院长问我们的顾书记：这个人现在在哪里？后来，他们就来与我商量进高校的事，他们说，你还是做你的蓝印花布技艺，只要把你的所有成果与南通大学共享，再带一下研究生就行了。我同意了。进了南通大学这样一个平台后，我就可以申报国家级的课题，包括国家社科基金、艺术家基金，包括国家的文化和旅游部的非物质文化遗产培训。后来为南通大学争得了很多荣誉，同时，南通大学支持我做传承。我们的很多学员，来自贵州、云南、甘肃、山东、山西等二十多个省。这次到浙江来进行展览，地点就选在了宁波。你们书记和院长特别支持，我感觉我们学校是一个非常重视人文教育的学院，重视文化遗产，重视传统文化，你们在这个学校学习是很幸福的。要多了解传统文化，了解我们身边的非物质文化遗产。现在很多学生家长要孩子学一门技艺，经常带着已上初中、高中的孩子到蓝印花布博物馆来，学蓝印花布刻板，做一块成品，了解一些自己国家的文化遗产。今年南通的中考题目就有关于蓝印花布的，好多人学生回答不出来。如果知识面宽一些，经常去博物馆、美术馆，那么，他们就了解蓝印花布是国家级的非遗。所以，我建议学校把非遗的项目引进来，可聘请为兼职教授，把很多的相关的非遗知识带进学校，那么，今后你们无论走到哪里，都可以自豪地说，我了解非遗项目。无论在国外，还是在国内都可以。在国外，你就是一个中国人的身份，那你的一言一行就代表着中国；如果到国内其他省，你代表的是浙江；你到浙江其他市，你代表的是宁波。一个人的内在气质，就是通过对传统文化的学习了解，不断地积累，慢慢地形成的。我们上蓝印花布的课程，并不是让大家都来蓝印花布，而是要了解我们的历史，了解我们的文化，了解我们优秀的传统。随着我们国家对传统文化的愈加重视，非物质文化遗产与我们的校园、与我们的学生的关系越来越密切，我们要不断地把文化遗产传承下去，要培养更多的年轻的传承人。

四、设计创新 用字当先

文化和旅游部原副部长项兆伦为国家级非遗传承人吴元新命名“元新蓝”品牌，将我的名字与蓝印花布融合在一起，弘扬蓝印技艺的工匠精神。20 年来，我创新设计八大系列，500 余种蓝印花布系列产品，50 多项作品获得国家外观设计专利，三次荣获中国民间文艺最高奖“山花奖”，作品被国家博物馆、中国美术馆收藏，先后创立“蓝艺”“元新蓝”品牌，享誉海内外。“年年有余”蓝印花布饰品，于 1989 年设计，后被国家博物馆收藏。那时候还没有中国节，我是用的丝带，在 2002 年第一次全国旅游工艺品设计大赛上获得了金奖。这个设计也是我申报中国工艺美术大师的作品，是在作品中融入我们的传统，把蓝印花布用在现代生活的一个案例。这是设计比较好，一直到现在大家都很喜欢的。余秋雨、莫言、冯骥才、韩美林都围上了我们蓝印花布的围巾。那么无论是男的女的，实际上我认为蓝印花布作为一个中性的颜色，在生活中大家都需要它。在展厅里边有很多韩美林设计的作品，与大家一起分享。奥运会的福娃的设计者，他对蓝印花布情有独钟，对我们的民间艺术、对我们的传统文化也是大力推荐的。这样他也就成了一个传播者。所以我们走到哪里，我们非物质文化遗产就传播到了哪里。非物质文化遗产要走进生活，做成包，做成围巾，做成人们家里的软装饰。围巾围在身上，衣服穿在身上，就能够流动地宣传非遗。

五、交流展示 弘扬非遗

近十年来，在政府重视、各级文联部门的大力支持下，我们蓝印花布赴美国、英国、法国、德国、俄罗斯、意大利、比利时等国家和地区举办展览和展演活动，在国际嘉宾的赞叹声中，传承人的文化自信不断增强。我们都做了很多相关的展览，以宣传我们的文化。我们要不断地把我们的文化遗产宣传出去，传播出去。我在北京做的一个展览，叫布上青花，也是韩美林题的词，受到了国内外专家的一致好评。这次展览中安排了中国蓝印花布研讨会，邀请清华大学四位教授，中央美院、中国艺术研究院、上海大学、安徽大学、中国美院等的专家教授共同研讨我们的生活美学。非物质文化遗产一定要做得好，只有这样，才会有徒弟来跟你学习。我们非物质文化遗产就是要走进生活，走进家庭，走进现代走进时尚。我们不仅要走出去，还要请进来。现在每一年都有很多的外国人到我们博物馆来学蓝印花布，体验蓝印花布印染。我们的传统文化不仅要我们自己要喜欢，还要外国人喜欢，要令世界人民喜欢。我开始作为一个染坊的学徒，实际上当时并不愿意留在染坊，后来坚守了下来。一个人一辈子做一件事情，我认为，肯定会做好。所以希望大家在今后的学习，把自己的专业学好，朝着一个方向去努力，就能够把自己的专业做得更好。服装大赛的获奖作品往往有中国传统的元素在其中，所以你们今后如果要参加服装设计全国及世界大赛的话，就一定要有自己明确的东西。只有这样，才能够赢得评委一致的赞赏。习总书记说过，没有高度的文化自信，就没有我们文化的繁荣昌盛。不管是作为学生，还是作为老师，或者作为专家，都要对我们的民族文化要有自信心，要有这样的认知，我们才能做得很好。

问：吴老师，能不能具体介绍一下，怎样让效果更好看？

答：要满足现代人的审美，融入我们现在的生活，符合我们现在的生活需求。比如，我们刚刚围的围巾很时尚，纹样又很现代。评判一个作品的好坏，要看它是否是现代的、时尚的，二要看它是否具有核心技艺。把我们设计的产品要能够更好地为人民服务，为老百姓服务。

问：在我们设计作品的过程中，如何将现代的理念与蓝印花布相结合呢？

答：这个问题就是怎么样把现代感和蓝印花布结合起来。实际上就是把我们现代的设计与我们的传统结合起来。把最土的变为最洋的，要靠我们高超的艺术手版。把传统同我们的时尚结合起来，虽然只有短短的几个字，但我们要用一生践行它。要不断地向我们的传统学习，找我们优秀的纹样，找我们优秀的造型。作为以纺织服装为主要专业的学校，对纺织服装非遗的传承、学习和创新是我们的责任和担当。希望同学们更加热爱我们的专业，认真汲取传统文化的精髓，发扬工匠精神，传播红帮文化。

不忘初心勇担当

陈明君，女，宁波大学医学院附属医院护理部副主任兼 ICU 护士长，宁波市援鄂医疗二队总护士长。

现在距我援鄂已经半年多了。回来以后，我去各大院校、一些部门以及我们医院的各个支部讲过党课。在我们学校演讲是第一次，非常感谢学校领导邀请我来红帮大讲堂作讲座。

我从我们去援鄂那天开始讲起吧。那天我是永远不会忘记的，因为那天正好是元宵节。我到护理部只有 17 天时间，这 17 天里面我一直负责在发热门诊工作。那天晚上，我们护理部主任给我打电话，让我赶紧去护理部，有工作要安排。因为我们宁波市要抽调 200 个护士去援鄂，我们医院要抽调 10 个护士。

只有一个小时时间，十点之前就要把名单报上去。我们到了护理部以后，同事们纷纷踊跃报名。那个时候，大家都满腔热血，援鄂是我们义无反顾的事情。既然国家需要我们，我们护理人员肯定得上，我们护理部全都报名了。护士共报了 50 多个，要从 50 多个中抽取 10 个。我们医院共 6 个医生、10 名护士。前一天晚上刚报的名，第二天一早我们就来到了医院。我们后半夜基本上没有睡觉，因为很多人 10 点后才收到通知，包括我自己。我回到家已经快一点了，第二天一早就到医院集合。很多人都哭了。大家都知道，其实医院的防护用品是非常紧张的，紧张到什么样的程度呢？我们全院都找不到 N95 口罩，但是我们的隔离病房与发热门诊必须要用 N95 口罩，否则医护人员的安全就没有保障。29 号中午，我们医院拿出了全部家当，包括口罩、防护服，还有很多的生活用品，如方便面、榨菜等。

我们是在宁波大剧院集合的，当天下午 3 点市卫建委派人对我们进行集体培训。抽调出去的护士基本上都没有穿过防护服。因为关乎自己的安全，防护知识大家都听得非常认真。晚上 6 点，我们包了两架飞机去武汉，分成两个医疗队。晚上 10 点，我们到达武汉天河机场，但滞留了很长时间。因为那一天有 40 架飞机落在天河机场，包括全国十七支医疗队，5000 多名医护人员。机场当时非常热闹，没有工作人员，机舱里面的东西全部要我们自己搬下去。所以我们那天就一批一批地扛东西，因为有很多的箱子要扛回去。

整个武汉就像按下了暂停键，在我们乘坐大巴车从机场到酒店的路上，没有看到一个人。武汉初期的工作可以用六个字来概括：时间紧、任务重。队员们还没有来得及打开行装，就接到晚上要收治病人的命令。这是一支刚刚组建不到 24 小时的来自宁波市及县市级 12 家医院的 100 名护士组成的护理队伍，我这个临危受命的护士长必须在最短的时间内选出6名组长，完成排班，并确定班次和人数。这就要求既要保证救治需要的护理人力，又要兼顾队员的休息调整，所以排班一定要做到科学合理，这就是非常时期的挑战，我必须快速高效地完成任务。在这样的情形下，宁大附院的10名护士和慈溪妇保医院的6名护士经过严格的培训后，第一批进舱。第一天收治病人的情形让我真切地体会到：这是一场没有硝烟的战争。整晚的救护车鸣笛声响彻院区，我们病房48张床，在48小时内全部收满。这对我们的业务能力和体力都是严峻的考验。

整个援鄂期间，我曾经哭过两次。第一次是我的组长对我说："护士长你不要进舱，我来采样。"咽拭子采样是一个高风险的操作，采样者的感染风险很高，我们的护士没有采样的经验，说心里话，当时病区董主任和我商量由医生采样还是护士采样的时候，我犹豫了。如果让护士采样，面对年轻活泼的面孔，我于心不忍，而如果让医生采样，又会增加他们那已被患者的各项指标造成的压力。危难之中，需要有人担当，我最终决定：我先进病区采样，然后固定人员集中采样，以减少风险，节约防护用品。几周后，我们的几位组长都主动地跟我说："护士长，让我来采吧！您不用进舱了。"这时候，我流泪了，谢谢我亲爱的战友把风险留给自己，把平安留给了我。

第二次流泪是因为病人的依赖。记得有一位84岁的老人，全家人都感染，但他始终否认自己得了新冠肺炎，一直不肯配合采样。我进舱后，看到老人正在吃饭，微微颤抖的手拿不稳勺子，我走过去，坐在他的床边，接过勺子，一口一口地喂他，一小碗的饭吃了足足半小时。半小时的陪伴，让老人感受到了亲情，趁老人心情好转，我在纸上写了："核酸已经有一次呈阴性了，再呈现一次阴性，您就可以回家了。""我是共产党员请相信我，党员是不会骗人的。"老人配合地躺下。当我采样后转身离开的时候，他拉住了我的手，舍不得让我走。这时候，我流泪了。

我们在武汉坚守了51天，取得了一些成绩。我们总共收治了86个患者，其中，危重症病人22人，重症病人64人，完成采样三百多例，还获得了同济医院的表扬。我们在3月28日就清仓了，这是我们收到的表扬信，我们还收到了一个病人专门为我们宁波医疗队谱的一个曲子。这么多天下来，我们也收获了友谊。当然也非常感谢我们自己这个团队，我作为领队

（院长是我们宁波医疗二队的总领队）非常感谢大家对我的关心、照顾和帮助。还有许多帮我们理发的、清理垃圾的默默无闻的志愿者，我非常感谢他们的默默付出。

回来应该是 4 月份，这个是隔离结束后的日子了。我觉得大家都把我们当英雄，到处都能看见写着“欢迎英雄回家”等文字的横幅。其实，我们内心里从来不认为自己是英雄，大家给我们荣誉实在太高了，还有水门礼给我们接风洗尘，我们只是换了一个工作场地继续工作而已。作为医护人员，在社会或者国家需要我们的时候，我们能够挺身而出，做好本职工作，并得到的国家认可，我觉得就是一种光荣。

新冠肆虐的时候，救死扶伤是护理人的责任，这是我们应该做的。我们不是英雄，不是天使，只是一群平凡的人在平凡的岗位上做着平凡的事情。我觉得我们只是在做自己该做的事情，想做自己分内的事情，就像大家当时听从国家安排，在家里安安心心待着，这其实就是在做贡献。

习近平总书记给北京大学援鄂医疗团队的一个 90 后党员写了回信：“在新冠肺炎疫情防控斗争中，你们青年人同在一线英勇奋战的广大疫情防控人员一道，不畏艰险、冲锋在前、舍生忘死，彰显了青春的蓬勃力量，交出了合格答卷。广大青年用行动证明，新时代的中国青年是好样的，是堪当大任的。我向你们和奋斗在疫情防控各条战线上的广大青年致以诚挚的问候。青年一代有理想、有本领、有担当，国家就有前途，民族就有希望，希望你们努力在为人民服务中茁壮成长，在艰苦奋斗中砥砺意志品质、在实践中增长工作本领，继续在救死扶伤的岗位上拼搏奋战，带动广大青年不惧风险、勇挑重担，让青春在党和人民最需要的地方绽放绚丽之花。”我觉得习总书记就是说少年强则中国强，大家现在还在求学，就做好分内的事情即可。在这次疫情当中，涌现出了许许多多守家卫国、守望相助的感人事迹。我为自己是武汉保卫战中的一员而感到无比骄傲。

问：我们应该用怎样的心态去面对这些意外，或者说我们该怎样找准自己的定位。

答：我作为医护人员，政府号召我去前线，那我肯定是第一时间就会前去。因为平常我就这么想的，包括在非典的时候，其实我也是报名了，我是预备队员。所以，对我们老百姓来说，我想应该是响应政府的号召，该怎么做就怎么做，不要急躁。

问：那身为医护人员，您觉得你们接受到的关怀大多都来自哪里?

答：其实我们受到的关怀非常多，真的是来自社会各界。我记得最清楚的就是当时很想吃一些宁波当地的菜，被知道后，第二天宁波特产就送过来了，我还说谁告诉大家的怎么马上就来了。我们的手经常泡在消毒液里，手套戴久了手都变白了，很多护肤品都会给我们寄过来。受到这么多的关心，我真的非常感动。

让成长成为一种习惯

陈龙云，男，1996年毕业于浙江纺织服装职业技术学院计算机专业，现任宁波市新联会副会长（鄞州区会长）、宁波市人力资源服务行业协会副会长、浙江杰博人力资源股份有限公司执行董事等多项社会职务，是宁波市优秀企业家。

我建议大家先了解基本的运作规律，不要拿自己的钱去试错，不要去放大这个财务的风险，可以谨慎一点，当真正具备了抵御风险的能力以后再去创业。我跟大家分享的是三个阶段，把每一个阶段好的和不好的都跟大家进行交流。

一、跟着别人干

在这个阶段，好处有很多，工资有人发，也有人来教，天塌下来有高个子顶。但如果三年、五年、十年都一直低着头跟着别人干，想法是别人的，方向也会是别人定的。我是运气比较好，整个过程也比较快的，可能半年左右时间。因为我们在学校的最后大半年时间已经有机会接触社会。我当时去的公司不大，他们需要电脑师，需要装机比较快的，就留下来了。当中还有一个小插曲，就是在办公室面试，帮两个女孩子搬水，她们跟老板说这个人好，后来我们就变成了同事。所以，大家未来进入社会后一定要去做力所能及的事情。

我一开始工作也是从事计算机的，做了四五年，后来做过一段时间的外贸，最后选择做人力资源。人力资源行业是轻资产，它有一个很大的乐趣是可以不断地跟优秀的企业、优秀的人打交道，所以我会把它当作自己的终身职业。马斯克创办了特斯拉，又搞航天飞机，他要么不做，做起来好像都是世界第一。我对他不是那么熟悉，只是希望给大家看看世界上最优秀的人群，看看他是怎么一个职业状态。大家如果对他不了解，可以之后看看他的一些资料。还有一个是我们学校 1982 年毕业的校友戎巨川，他一开始只是一名纺织厂的普通员工，然后成了部门的负责人，又变成了厂长。1993 年，该纺织厂改制成了员工可以持股的一家公司。这个公司的股东特别多，大概有四五百名员工。该公司股份不是绝对控股，而是相对控股。能不能掌握企业其实最重要的是你能不能带着员工前进，所以虽然戎巨川持有的股份不多，但他做得非常好，带领员工取得了很好的成绩。据说 10 年里他只开过两次大型的会议，第一次是十年前决定要不要做电商，第二次是决定在东部新城造大楼。博洋基本每个月都会孵化出来一些有生命力的企业，资金由他来投，经验由他来传授，基本的一些场地由他提供，所以是非常好的一个平台。

有个老领导现在在宁波投资界是做得非常好的大哥，他说年轻人开始要关心的不是取得了什么成果，而是要去关注自己有没有成长。就像刚才提到的马斯克，他已经做成了一个特斯拉，在新能源汽车领域可以说已经是世界第一了。如果他只是想着这么保住第一，不考虑成长，就不可能有更多、更大的成就。戎总也是一样，如果他只是想要守住什么，而不是说让机制自然运营起来，怎么能把事业持续下去？所以成功的人、优秀的人可能更关注一种内在的成长，有了内在的这种成长，外人看到的所有成果，都会在不同阶段自然而然地出现。所以，每个人的每一个脚步都是积小胜为大胜的过程，是一种选择的过程。如果大家从今天开始就有这样一个成熟的观念，那对于后面的帮助是比较大的。前提是我们要早点确定一个类似思路。这里我要提到的是做任何事情你放手去做，愉快地去做，这是一个基础的东西。

在我的观念里面，我觉得有两个问题一定要解决。一要把好财务风险。比如，要设法保证一套房有一个安全保障，要找好自己的边线，到底是想做事还是要赚钱。二是不能逾越道德风险。我去英国留学时有一门课叫商业伦理，讲透了道德到底是为谁服务的这个问题，即自己立足这个社会，建立一个有效朋友圈，否则可能连基本立足的地方都没有，找不到自己的归宿。所以，在把好财务风险以外，道德的风险也是大家一定要注意的。只要把好这两关，人还是有非常多的机会是可以重新来过的，只要你有能力。我们接触到的企业中的一些高管的能力、学历、资历或潜力都是非常好的。其实，这些人往往有两种观念。一种是只要我认可规则，我就愿意承担所有的责任，约定成果分享。这种是创业型的，有自己要求，对风险和成果不是看得那么重，更看重的是我能创造什么。如果你看好某行业，看好某公司，看好某老板，那么你就可以去了。至于收益低一点或高一点没关系，我可以自己来创造。这一类人其实属于第二种，属于具有创造性的人。相同的事情可能两种不同的人的反应能力和解决问题能力是不一样的。所以，同学们可能会有这样的过程，先进入一些大企业里面去做员工，学习大企业的运作规律，跟一群优秀的人在一起。然后思考自己是哪一类人。我在浙大宁波理工学院辅导了一个小姑娘，该大学的商学院一直在做公益创业“银草项目”，就是年纪大的人的一个互助组织。她的影响力还是非常好的，她就是属于一个典型的不太愿意去企业而愿意自己去创造的人，是一个创造性的人才。我们也曾到华中科技大学去做调研，在学校里创过业的大多数人会去考更好学校的研究生，然后出来创业。因为他们创业的时候打开了自己的眼界，知道创业没那么容易，应该先找好自己立足这个社会的基本能力，5 ~ 10 年以后，有了更成熟的想法，做了充足的准备，就不怕再面对各种风险、各种问题了。

二、带着别人干

我们一起做事情，从内部来说就是把安排的工作做好，或者提供财务上的安全感，或者提供公司战略方向。在企业组织里一个人在想，一个人在教、在干，还有一个人执行，我觉得有这三种人在一起其实非常好。如果你做更多的事情，你就会积累更多的经验。所以，在创业阶段，我认为一定要有跟着别人干的过程。

要带着别人来创造价值。我可以尝试在自己感兴趣的领域创业。你们还年轻，一定可以比你们老板、前辈看到更多新的东西，要用未来的眼光在新的行业找到一些自己感兴趣的事情，这是非常理想的一种创业模式。因为你们这代人可能跟我们有一点区别，驱动我们做好事情的是一种责任，而你们可以用兴趣来驱动自己，发挥出 200% 的想象力和创造力。所以，这个是不同时代的人的差别。

我把自己的工作特别是第一份工作跟大家稍微做一些展开。因为我发现我做事情的一些基本动机和逻辑都跟第一份工作有关。我的第一份工作是做计算机配件商贸，跟我的专业不是特别相关。那个时候宁波市的电脑市场刚刚起来，我算是第一代电脑市场从业者。我去了以后，货送得比别人快，谈业务也行，报表完成得比较及时，所以我就成了那儿的负责人。后来就是不断地抓住学习机会，并尽力完成工作任务。这是个人成长的第一阶段，是我收获到的一个最重要的东西。后来，我进入了人力资源行业，这是我的第二份工作。一要扮演好自己应有的角色，做自己该做的事情；二要寻找机会，不要看重利益；三要端正态度，把手上的活干好，让别人看到自己身上的优点。当带着别人干的时候，借用老板把事情或责任压到下面去，这样非常不好。我有两条经验：一要保护下属的利益。三个方面需要非常关注：有没有激励的制度；奖励有没有及时到位；有没有成长的空间。二是要承担团队责任。哪怕再优秀的团队长，也不可能没有缺点，在某个细节上也可能会出现问题，如没有拿下某个客户。那时候如果老板来问你这个项目我们这么重视，你为什么没拿下？你那个时候想怎么说？实际上，跟着别人干的人虽然贡献了他的时间、精力、能力，但他没办法对整个事情负责。如果在一家老板管理能力不够的公司，你一推责任，他可能就跑下去找谁的责任了。但实际上在一个正常的组织里面，既然你能带这个队伍，你就要承担这个责任。这样，逻辑就很清晰了。但就像我刚才说的，可能老板会不清晰。那未来你们成为团队长了以后，你们要不要清晰？我觉得这一关一定要过，如果不过，你永远是一个必须跟着别人干的人，不会变成真正带着别人干的人，你想哪有那么好的地方，好处都是你的，责任你就推下去，可能吗？这是不可能的。所以，大家接下来在同学相处中、在社团工作中一定要有协作精神。有机会做班长，就要担当好自己责任，这个对你未来成为优秀的人是一个内在的积累。我们大学三年就是把自己身上的优点放得更大一点，尽可能地去克服缺点，而不是现在过得舒舒服服。

另外，思想也要打开，因为我们很多人在个人成长的时候容易陷入别人说什么自己就干什么的状态。成为团队长以后也会出现这种情况，就是说我每天完成任务就行。但是千万不要忽略你下一个成长在哪里。比如，我下一步成长，我要去管理更多城市的业务。那你要管这么多的城市，你自己跑吗？肯定是不太现实的。那你靠谁呢？这就需要你把曾经一起有过紧密工作关系的同事的特质提炼出来，如谁是认真负责的、积极主动的、有创新能力的，为你所用。要确保用正常的职业心态、工作心态去跟他们协作，增进人与人之间的友谊。这样，你自己肯定会找到一个适合自己的成功的点。

针对我们这个行业，我自己做了一个小小的总结。从 0 到 3000 是一个台阶。这里涉及对项目管理的流程、对客户服务的品质。3000 到 1 万也是一个挑战。因为那个时候可能不只一个城市，空间相对有限。正常来说，你要跑几个城市。再从 1 万到三四万，从三四万到十几万。这对你来说是一种挑战。你可以抱着成就别人的心。如果你觉得还有很多的舞台，或者有很多的机会，那么你要去追求和争取，你要和你的同事一步一步走向更好的未来。

三、跟着你干

博洋集团是宁波百强企业，它的目标是 5 年 1000 亿、10 年 3000 亿。企业老总是我们校友，他把公司分成了三个层次，第一层就集团控股，第二层是家纺集团、时装集团，第三层是真正做实业的公司。比如，你自己有经验了，可以通过创业项目书申报这个创业项目。集团给你投资，少则几十万，多则几千万。你可以按照自己独立的思想去创业，除了资金的流动要集团来管外，其他基本不管，包括人事权，会提供社会化的供应链服务体系供你选择。集团有足够的资金，做一个长线铺垫，可孵化二三十个创业企业，时间上当然也要放开一点，让有潜力项目的公司真正成长。这是个挑战，如果可以，按照这个逻辑去做，就能有更大的收获。那个时候你不会说每天忙着公司的事务，可以有一些自己的兴趣爱好。在这个阶段更要关注体系和制度了，再找出合适的人担任合适的职位。市场上本没有伯乐，千里马出来以后才有了伯乐，我很认同这个观点。

在大学阶段，感受最深的、最宝贵的就是同学友谊。我们当年招生都是宁波地区的，我们寝室从毕业到现在保持每年聚两次，第一次是 8 个人聚，第二次是 8 人的老婆孩子一起参与，每年吃年夜饭。你可能做得再好，没有同学在一起也是没有意义的。

我希望大家早点把适合自己逐步成长的具体的行业、具体的岗位先标记起来，甚至未来将要在哪个区域扎根等都先考虑清楚。

我们当时最大的想法是考中专，可以把农村户口变成城市户口，能够变成城里人。我们的使命是要把自己从农村人变成城里人，而现在发现这个方向走错了，还是农村好，还能分点地。但我觉得一切都是最好的安排，变成城里人，让我们能够参与到这场波澜壮阔的城市化的过程中，获得了成长。这是今天我同大家分享的内容，非常感谢。

问：请分享一下您的学习经验给我们学弟、学妹参考和借鉴。

答：我觉得分两个方面，一是心智的成熟，二是知识的增长、技能的提升，多看书、多实践，要知行合一。

问：您对我们这些学生干部有什么经验指导和寄语？

问：学生干部是我们所有同学的表率，你们也掌握非常多的信息，要尽可能地为同学们做好服务。这种服务肯定也是能力提升的一个渠道，把自己变成一个热心的人。

问：您对大学生创业有什么忠告和意见？

答：我希望大家现在可以以公益性的方式做点事情。先把道德和财务的这两个风险守好，再尝试性地去做一些别的。

问：您认为学校、企业、学生三者之间在就业方面应该做到什么样的衔接呢？

答：学校与企业之间要搭好桥梁，企业要告诉学校需要什么样的人，老师要多跟企业去建立这种联系，学生自己能主动。

问：您对在校大学生有什么希望和期待呢？最想跟我们说的一句话是什么？

答：我最想说的就是美好的未来一定是我们一起共同创造的，希望你们能够更积极主动地来把握这样的一个机遇。

问：您认为我们当代大学生的最重要的素质是什么？

答：我觉得认真负责、积极主动其实是蛮重要的两个要素。我从事了计算机、外贸、人力资源三个行业，一直以来都在贯彻这两个要素。

感受民族舞剧的文化魅力

邹建红，曾任宁波市演艺集团有限公司党委书记、董事长，中国文化名家暨中宣部“四个一批”文化经营管理人才、国务院政府特殊津贴、国家艺术基金评委专家、文旅部“文华奖”评委、浙江省劳动模范、宁波市杰出人才等。

非常高兴来到大讲堂，和同学们交流一下，也向同学们介绍下这几年的宁波舞台艺术。我们不但有一支优秀的演员队伍，而且有一支专业及业余组成的合唱团，像今天来到现场的几位年轻的艺术家，就是我们宁波歌剧的新生代演员，是他们创作出了中国一流的歌剧作品。北京的专家曾问我宁波没有歌剧表演、没有话剧表演，这几年来却一再进入国家大剧院演出，我说没有歌剧团可以创作歌剧，没有话剧团也可以创作话剧，我们有中国一流的主创团队。这里我也代表我们集团感谢沙老师，虽然她已经离开我们集团好几年了，但仍是我们的团队主要创作力量。所以，今天我想通过三个剧目的介绍来给大家分享一下宁波文化艺术创作盛况。

宁波是一个历史文化名城，有着 7000 年辉煌的历史，有王阳明、王羲之这些历史名人，有天一阁、河姆渡、老外滩，还有十里红妆。这里涌现出了邵逸夫、李达三、虞洽卿等许多中国商人，他们身上的精神鼓励着我们。我们的舞剧《十里红妆》《花木兰》等的创作都离不开宁波这块有丰厚文化底蕴的城市。我们的歌剧《呦呦鹿鸣》去年三次去北京演出，第四次荣获中宣部“五一个工程奖”，反响特别好，好多专家都给予了很高的评价。《呦呦鹿鸣》描写的是生活中的真人真事，其中女主人公为获得诺贝尔奖的屠呦呦，描写一位还在世工作的科学家，她的人生除了研究，还是研究。这部歌剧创作难度很大，但所呈现出的艺术面貌和创作质量最高。屠呦呦这部作品给了中国歌剧新的创作方式与空间，使现代化歌剧创作有了一个新的方向。可以说，歌剧《呦呦鹿鸣》已经达到了中国歌剧的最高层次。另外，《花木兰》在四川演出时非常受欢迎，连演员通道都挤满了年轻的观众，公安局都派了民警去维持秩序。无论《花木兰》还是《呦呦鹿鸣》，都是将动人的故事结构与高科技手段相结合的表演手法来吸收年轻的观众，让年轻一代走进剧场去感受传统文化，感受中国舞台艺术的辉煌。

市委市政府提出来宁波要进入一线城市，一线城市要有一线城市文化，一线院团建设，需要有一套完整的、促使艺术发展的运作机制。我们充分利用文化体制改革给我们带来的优势，工作目标就是成为宁波城市的品牌、形象、窗口。2016 年，浙江省举办第十三届戏剧节，将这三年当中全省创作最好的越剧、绍剧、京剧、昆剧、话剧、甬剧、姚剧等集中起来在省里进行比赛。2014 年年底，我们就在考虑 这“品牌、形象、窗口”怎么做，认为应充分利用改革的成果，把改革的动力融化在我们的创作中。在 2014

年之前，我们宁波的院团改革与文化产业、演出场次收入都走在全国前列，成为全国的标杆。2014 年之后，我们转型到创作剧目与品牌上来，集中精力搞剧目创作，以 2016 年的戏剧节作为目标，争取在戏剧节当中打个翻身仗。2012 年浙江省第十二届戏剧节中，我们的甬剧只进入了决赛，最后排名第 17 名，这对我们的打击很大。2014 年开始，为了改变现状，我们三个团齐心合力，整合国内外资源，最终在 2016 年取得非常大的成果，63 台剧目中获奖 10 台剧目，我的占有二席，个人奖中，我的获得了优秀演员奖、优秀编剧奖、优秀作曲奖、优秀舞美设计等 17 个个人奖，使我们跻身浙江省第一梯队。2016 年获奖以后，我们又提出了“争创一线城市，宁波演艺先行”的口号。口号出去了，到底怎么做呢？我们的优势和弱势在什么地方呢？优势是宁波这个土地上有非常丰厚的文化底蕴，体制机制改革使我们有一套先进的管理办法。弱势则是只有越剧和甬剧两个团，没有话剧团、歌剧团。在这种情况下，我们大胆提出要补齐短板，打造宁波舞台，提出了“创作在北京，制作在宁波，市场在全国”的口号。北京集中了全国超一流的艺术家，如导演、编剧、灯光、舞美等，通过北京专家的团队支持来打造一支我们宁波本土的主创队伍。2017 年，舞剧《花木兰》和歌剧《呦呦鹿鸣》都走上了北京最高艺术舞台，都进了国家大剧院，进了保利剧院演出，都获得了非常大的成功。去年 11 月 29 日，《花木兰》获得了中国舞蹈最高的荷花奖，浙江省至今还没有一个团获得过这个奖项。《花木兰》是个老题材，但是我们把这个老题材用新的表演手法、新的编导技巧演绎了出来。该剧集中了 40 岁以下的主创队伍，他们敢想敢做，而且舞段画面感和音乐都很好，所以好多观众在戏演完以后都不走，吸引了很多年轻观众。

我现在通过三个案例给大家介绍一下。

第一个案例，是舞剧《十里红妆》，这个剧目在 2009 年获得了我们宁波第一个中宣部“五一个工程奖”。这个剧目的创作跟当时的环境分不开。因为在 2007 年艺术家杨丽萍来宁波演出，还有山西的话剧《立秋》、山东的电视剧《闯关东》也进入了宁波，当时的市委宣传部长坐不住了，把我叫去，问道宁波怎么办？怎么做？去年，甬剧《典妻》只获得了入围奖，没有真正获奖的剧目。2007 年是歌舞团改革的第六个年头，团里搞业务的副团长说现在团里有钱了，把这些钱拿出来搞些作品吧，于是就自带演员创作了一个小的舞段，参加了浙江省音舞节。这个小舞剧《十里红妆》总共六分钟时间，获得了优秀创作奖、优秀表演奖，在省里及艺术家圈内也有一些小小的反响。有人提出来我们应该创作一个大剧，但实际上我们生存压力是比较大的，全国院团改革把我们推到了体制改革的全国标杆，每年有十几个剧团都到我们团来学习，产业不能放松，但我们觉得产业上去了，创作不上去总觉得改革不完美。这样,《十里红妆》的创作就启幕了。《十里红妆》最后呈现的演出场面非常漂亮、非常壮观，它让宁波文化走到了另一个高度。近五年来，它不但去了法国、英国、德国、匈牙利、保加利亚这样的欧洲舞台，还代表我们国家在美国最顶尖的林肯中心做商业性演出。这里有两个商业演出的小插曲。第一个小插曲，我们在去林肯中心演出前一年，为推动中国音乐剧走向世界，文化部（今文化和旅游部）派专家去调研美国百老汇，了解百老汇的运作模式，每天邀请相关的导演、编剧访谈、上课，对美国文化营销有一定了解。这次去美国演出，我们就按照美国人的运作模式进行，其中花了 1.8 万美金，请美国人设计制作《十里红妆》的海报，非常漂亮。时代广场有非常大的宣传广告，我们也投入了广告，新、旧媒体都充分利用，最后给我们的回报是除了第一天晚上大概两排位置空外，第二天满座且有站票，第三天演出前 10 分钟，站票都卖完了，第四天中午 12 点，票就没有了。还有人下午两点钟排队买站票，因为剧院规定每天晚上有 50 张站票。演出结束后，我们都非常激动，原先的辛勤付出都是值得的。第二个小插曲，到美国以后，我们在美国电视台中文频道现场直播采访，这是专门介绍舞剧《十里红妆》的。一开始商定我跟我们宣传部的部长进去，后来主持人让我跟导演一起去，女主持人看上去是中国人，中国话讲得很好，但她没到过中国大陆。她仔细介绍《十里红妆》创作及演出盛况，当提问时，她突然话锋一转问我们的导演，她说现在的大陆年轻人拜金主义很厉害，对钱看得很重，结婚要房子、要车子、要小别墅等，看了《十里红妆》后，我感觉大陆的拜金主义不是现在才有，在明清时代已经形成了。这句话把我俩给问住了，两人互相看了一眼，汗是哗哗地下来了，导演看看我，我也很紧张，这个答题意识形态上一出差错，问题是很严重的。我把话筒接过来，我说你对我们浙江的历史文化不是很了解，我们这台剧有 12 个全国非遗的内容，主角第一个出场，“女儿红”就是非遗。女孩子出生了，浙江有两个习惯，把酒酿好，埋在地下，孩子 18 岁的时候拿出来招待亲朋好友，埋的是父亲对女儿的情感，母亲给女儿做的嫁妆，这是精神层面的文化，与拜金主义无关。女儿在夫家一生用的都是由娘家陪嫁过去的，是父母给她的爱。第二个小插曲，演出完结束后第一天，美国的报纸评论新闻“女儿红”没有，第二天没有，第三天《纽约时报》三篇文章同时在报道，而且都是整版的，演出效果就出来了。这个演出不单单是为了去展示我们中国的文化，也是为了让中国文化进入主流社会、主流人群、主流剧场。回来后，受到中央和省委的表彰，取得了社会效益和经济效益的双丰收。这几年，舞剧《十里红妆》还跟着总理等国家领导人去俄罗斯、澳大利亚、新西兰演出，至今总共演出 184 场。成功的原因一是挖掘了本土文化，二是整合了全国的创作资源。

我想请同学们看一段《十里红妆》男女主人公的双人舞。接下来，我讲讲宁波帮的故事。《筑梦》是我们打造的“宁波故事”三台剧中的一台。第一台是甬剧《筑梦》，第二台是话剧《大江东去》，第三台是甬剧《甬商1938》，下次有机会我一定把我们三台戏当中的一台给同学们展示一下。宁波帮是个非常伟大的群体，随着徽商、晋商慢慢被时代所淘汰，现在我们看到的有关徽商、晋商的电视剧也好，舞台剧也好，都很遥远，但到现在甬商在中国金融界仍有着举足轻重的地位。一代一代的宁波商人背井离乡在外闯荡，他们讲诚信，不断学习先进的管理、先进的理念，不断地充实自己，虞洽卿、沈祝山、黄楚九等都是这样做的。2009 年，我作为中宣部中国文化名家之一，与其他人组团到武汉大学评审课题，在武大的校史馆里，我看到了武汉大学第一任校长在武汉大学落成典礼上的一段演讲，他说：“今天的武汉大学能够落成，我们要感谢浙江鄞州姜山沈祝山先生，没有他的慷慨捐助，靠国民政府杯水车薪的资金，今天武汉大学的落成是万万不可能的，他的功劳是无可置疑的，我们要感谢他。”这短短几句话引起了我的思考。我刚才讲了，我们的市领导也好，我们的主管领导也好，都希望我们像山东的《闯关东》一样，把宁波帮的故事搬上舞台，搬上银幕。所以，我看了这个讲稿以后，回到宁波到处找，最后在鄞州区姜山镇找到了他的老家，这是由沈祝山先生资助的村办小学堂。下半年，我又去了趟武汉，找到了武汉同乡会，有人说沈祝山先生是大老板，后来没什么钱的悲剧人物，这样便没东西可写了。后来，我让他陪我去汉口。武汉市政府认定民国时期的 102 幢历史建筑中有 67 幢是由沈祝山建设的。我觉得他太伟大了。他出生在鄞州区历史名镇走马塘边上的沈冯村，13 岁离家到上海做工，后来跟着印度人去英国学建筑、英语，几年后筑建队后去了武汉创业，在武汉担任建筑商会的会长。武汉美术馆是他建的，他还建了三条街。在了解沈祝山后，最终创作出了《筑梦》这个甬剧，这个剧目也获得了很多奖。宁波帮的故事还有很多，我们要一个一个地找素材，把它搬上舞台，因为在中国发展历史上，应该为他们树立丰碑。

第三个案例是《呦呦鹿鸣》。这是个很偶然的机会，在屠呦呦教授去领奖的时候，北京邀请我去参加策划方案，方案做得很完整，我们作为家乡艺术家负责文化方面的工作。一开始屠教授说她身体吃不消，去不了，后来突然来电说准备去，我接到通知，只有 7 天的时间。我带了宁波 3 位艺术家、宁波电视台 2 位记者、《宁波日报》1 位记者，为尽快到达领奖城市，我们分两条线走，赶在新闻发布会前到达。到达现场，发觉国内许多媒体都没有到达，都打电话给我说把镜头拍下来后传给他们。在领奖过程中，我被屠教授的精神和魅力所感动，被那种听党话、跟党走的执着所感动，看到了中国科学家的奉献精神和他们的伟大。短短几天给了我许多创作灵感。领奖回来后，我就赶到北京召开创作会，大家都认为以歌剧的形式表演，此剧作为迎接党的十九大的召开而创作。我们主要目的是利用歌剧来提升宁波的城市形象和地位。

问：怎样吸引观众走进剧场欣赏高雅艺术呢？

答：这个课题应该说我们院团早在十几年前就开始思考了。我们尝试音乐、民族舞蹈、交响乐团学习美国大片这种综合艺术搬到舞台上，把排练厅放在剧院里面，并使音乐现代化。也想主动把越剧和甬剧送进校园活动，从娃娃抓起，让小学生了解我们的越剧、甬剧。组织大学生参与剧目征集，提高艺术水平，高雅艺术肯定会受到年轻人的欢迎。

问：对音乐剧的演员都有什么要求？

答：音乐剧演员要求比其他的要高，它不单单要求有一个好的嗓子，更要求会表演，还要有形体动作，要有非常深厚的艺术表演基本功。

利用特色文化资源讲好宁波故事

宋臻，男，华东师范大学博士研究生，现任宁波市文化旅游研究院副院长、宁波市文艺评论家协会秘书长，是浙江省公共文化专家库成员、《宁波文化研究发展报告》执行主编、《宁波文艺评论》副主编。

今天，我以“用特色的文化资源讲好宁波故事”为标题，与各位老师、各位同学一起来分享我的一些思考。第一个问题是大家是否能够理解特色文化资源；第二个问题是我们为什么要讲宁波故事。我这个单位叫文化旅游研究院，也叫宁波市文旅宣传推广中心。我的很多工作其实就是到处去推销宁波这座城市。也许将来有一天我们可以合作，你们可以提供你们的智慧来帮我们一起来推广和宣传宁波这座城市。所以，带着这样一种想法，我们一起来讨论一下这个话题：怎么从文化资源来宣传和推广宁波这座城市？大家在刷朋友圈时有没有看到和宁波有关的话题，如为什么会说宁波是一座不得不来的城市等。大家可以先看看我这个单位的名字，叫宁波市文化旅游研究院。第一是文化，第二是旅游。从行政部门的角度来看，过去就是说国家层面文化有文化部，旅游有国家旅游局，后来经过机构调整以后，国家旅游局和文化部合在一起叫文化和旅游部。然后，有人就给它起了一个非常有意思的名字，叫诗和远方在一起。所以，我们今天在做这个工作的时候，就是要把这座城市当中很多非常有特色的文化资源包装起来，让更多的人爱上这座城市，到这里来旅游。

宁波历史悠久，文化底蕴深厚。宁波是河姆渡文化的发祥地、唐宋以来中国对外贸易口岸、浙东文化的摇篮、明清以来抵御外来侵略的前沿，是我国沿海对外开放城市、长三角地区南翼的经济中心城市和国家历史文化名城。经历几千年的传承与发展，宁波形成了以浙东学术文化、海洋文化、商贸文化为主体，多种文化有机融合的独特地域文化。

我们现在来讨论一下文化资源。在座的同学可以罗列一下到宁波以后给你留下最深刻印象的景点。从宁波这座城市历史上来推演，很多同学刚才讲到了河姆渡，而河姆渡写进了小学课本以及中学历史教科书，因为它证明了 7000 年之前中国是水稻稻作文明的起源地之一。河姆渡在宁波的江北区往余姚的方向，在姚江边的一个新石器时期的古人类遗址。井头山是在河姆渡的附近不远处被挖掘出来的一大堆的贝壳，这些贝壳是被 8000 年前的古人吃完以后当作垃圾扔在那里的，是个贝丘遗址。老宁波其实非常小，就是长春路、永丰路、灵桥这么小小的一圈，余姚江、奉化江夹在一起，中间到了三江口汇合在一起，以后叫三江口。那座古代的城是在 821 年建的，到 2021 年刚好 1200 年。

我们现在换一个角度，你们通过什么方式来认识和了解你身边的事件？刷微信？看抖音？最近网上在说中国的电视剧尤其是明朝以前的古装剧服饰是抄了韩国的。其实，我们可以回过头来想一想，真实的历史是这样吗？这当中就涉及如何在今天把传统文化变成我们面向未来的一种资源。我们有必要从更深层次的角度去了解和认识我们身边的资源。旅游你最关心的是什么呢？吃、住、行、游、购、娱六个要素，再通俗一点来说就是吃喝玩乐。那文化呢？什么是文化，有没有人可以跟我分享一下你是怎么来定义文化的呢？文化好像很抽象，感觉什么都有文化，譬如服装，它的款式，它的设计、它的历史都包含着文化。2016 年，我参与了宁波东亚文化之都活动年。今年，我去扬州是因为参加扬州的东亚文化之都活动年，那天晚上主人请我们到一个非物质文化遗产的主题街区吃了一顿饭，向我们展示了扬州的地方菜，吃了正宗的红烧狮子头、文思豆腐，都蕴含着文化。扬州的菜叫淮扬菜，是中国的四大菜系之一。除此之外，还有鲁菜、川菜、粤菜，鲁菜跟孔老夫子有关；川菜最出名的是辣；粤菜作为四大名菜的时间并不长。当谈论某事物的时候，当它升格到一定层次的时候，那它就变成了一种文化，有了所谓的内涵。同样的道理，吃、穿、住、行人生的四大要素都发展出了一整套的独特文化。在宁波的历史长河当中，可以发现宁波有独特的文化特质。

在过去宁波人出门主要是靠船，因为河道非常多。宁波是中国大运河的南端入海口，是海上丝绸之路的重要活化石。宁波的许多地名，如镇海、江北、海曙，都跟水有关系。北仑的大碶、三官堂都是跟围塘增加土地有关系。宁波作为海港城市，在历史上是有大量的外来人口，一代一代的移民到这里后产生了一种新文化。宁波早期其实相对比较落后，到南宋时，宁波成了一座经济非常发达的城市。宁波有三江口、城隍庙、博物馆、美术馆、天一阁，这些地方应该都去过吧？没去过，你可一定要先去打个卡。

保国寺，保留了一座北宋时期的大殿。今天留下来的东西是不同时代的，我们今天把它建成一个博物馆，叫古建筑博物馆，你通过这样的建筑可以了解保国寺的本质。在这个过程当中，宁波就产生了文化的输出。日本有个城市叫奈良，有一座非常有名的寺庙叫东大寺，主持修建东大寺的工匠就是一个宁波人，也就是说日本的这个寺庙有了我们宁波的重要文化烙印。再讲讲关于天一阁的故事。明朝时，范钦是兵部右侍郎，按照现在的说法应该是国防部的副部长，他做官的时候有一个习惯，就是收集当地的地方志、家谱等，并为这些书修建了一幢房子。房子最怕火，他用了天一生水的概念，取名为天一阁。然后给天一阁定下了一整套的规矩，一般人是不让去的。后来，有个扬州人叫阮元，在浙江当过官，有一段时间驻守在宁波，就帮助天一阁整理那些藏书。他发现了一个非常重要的东西，叫石鼓文。

我们今天回过头去看，你到一座城市静下心来去细细品味的就是它的文化。我每到一个城市都会去看一看当地的博物馆、美术馆。我觉得如果在座的诸位将来若从事文化艺术工作、服装设计工作，也应该把看美术馆、博物馆作为自己的一种习惯。不管到哪里，你可以什么都不去看，但是一定要去看看那里留下来的东西。有同学给我留了一个问题，说很希望用这个所谓的传统文化来做设计，但是并没有觉得有人会喜欢。我觉得这里的前提条件是你真吃透、认可我们的传统文化，如果对传统文化本身没有足够的认知，是很难让它在今天变成你自己的东西。我觉得我们每个人对传统的东西都会有一种亲切感，但也经常感觉那些东西离我们已经很遥远了。我印象中有一个问题，普通老百姓并不认同用传统文化元素来设计服装，其实不是老百姓不认同，而是我们没有找到能够展现出传统文化精髓的好东西。

文化形象构成城市的“第一道风景线”，文化形象力可以转化成为经济力。宁波应遵循地方独特性、历史—现实—未来交融性、前瞻性、系统性、内外形象统一性原则，高度重视国际文化形象建设。宁波地处东海之滨，自古以来河道纵横、舟楫往来，水文化昌盛，所以应把“水文化”作为“东方文明之都”主形象之一来建设。“海丝”文明离不开水，大海串联起河姆渡文化、海上丝绸之路文化、运河文化、商帮文化、渔业文化、佛教文化、徐霞客旅游文化、港口文化等，契合国家“一带一路”建设主旨，是宁波特有的影响力覆盖国际的文化现象。王阳明是国际文化名人，他不仅在中国被奉为“完人”，在日本的影响力也巨大。大力弘扬阳明文化，与打造“东方文明之都”的战略目标高度契合。应建设阳明学文献资料中心，开发阳明文创产品，形成阳明文化产业。宁波城与宁波人历来以商著称。宁波商帮纵横商界数百年，不仅取得了巨大的商业成就，还创造了包括商业理念、规范、制度、习俗在内的辉煌商业文明。今天宁波是“一带一路”的战略枢纽城市，我们应瞄准新机遇，打造国际化“商埠名城”，编制发布海上丝绸之路指数，助力“海上丝路”指数尽快成为国际贸易和国际航运市场公认的标准化的产品。

前一段时间我们在整理宁波的文化的时候，用四个海来定义它，一是海丝古港，二是海湾风情，三是海天佛国，四是海鲜美味。在宁波历史上，海丝的贸易分别是宁波的越窑青瓷、宁波的茶、航运船、海天佛国的禅。宁波的佛教在当时非常有影响力和代表性。宁波是南宋佛画出口到日本非常重要的一个地方。现在，佛画在中国其实已经不多了，大部分藏在日本，小部分藏在美国。

有兴趣的话，可以花点时间把宁波的历史文化资源做一个脉络整理。我告诉大家几个方法。一是按时间分；二是可以按照物质的或者非物质的形态分，如古建筑是物质形态，属于物质文化遗产，红帮裁缝是非物质文化遗产。

几天前，我在扬州的时候就在琢磨一个事儿。东亚文化之都这个概念是新概念，参考了欧洲文化之都。2014 年才开始有东亚文化之都第一季，第一个申报成功的城市是中国泉州，第二个是青岛，第三个是宁波，第四个是长沙，第五个是哈尔滨，第六个是西安，第七个是扬州，第八个是绍兴，第九个是敦煌。这些文都城市有一些共同点，即它们在历史上都是一个文化交流非常频繁的地方。泉州是海丝古港，如果你去泉州的话，可以看到那里有一个非常大的清真寺，还保留着非常传统的海外建筑。青岛是一个非常年轻的城市，历史上被德国殖民，被欧洲化、西方化了。宁波是在历史上和日本、韩国交流非常密切的城市，在近现代宁波帮会通过港口出去经商、做手艺。长沙是一个非常中心的城市，各种文化在此交汇。哈尔滨是俄罗斯文化非常显著的一个地方，索菲亚大教堂是非常典型的东正教的教堂。西安是丝绸之路的起点，万国来朝。扬州的古运河是隋唐的运河和京杭的运河交汇的地方。绍兴是非常典型的越文化和吴文化，还有是越文化和南宋文化相互交融的地方。敦煌有非常典型的印度文化，中亚的文化在这里交融，产生影响。我们今天讲文化资源，讲好故事，就是希望这些文化能够在未来得到传承和发展，这个很重要。你们在将来成为服装设计师也好，成为经营管理者也好，或者做宣传推广，都必须有这样一个意识，即要把传统文化基因融入自己的思想和血液中。只有当你把过去的东西吃透了、弄懂了，深入你的骨髓了，你才有可能变出新东西来。也许有一天你会留在宁波，也许有一天你会离开宁波，但是我希望这座城市在你的人生当中能留下烙印，为你带来不一样的人生体验。而这种人生体验希望是快乐的、有趣的，能够让你产生所谓美的享受。如果是这样，我们的人生也就算成功了。

问：什么是传统文化资源？

答：按时间和空间，可以分为历史文化资源（历史遗址古迹、历史名人、历史、城市典故、传统工艺等）、现代文化资源（包括生活消费空间、现代建筑、文化创意产业、居民价值观、科学教育）；按物质形态，可以分为建筑、园林、器物、工农业生产空间及成果、城市空间格局，图书馆、博物馆等公共服务设施，饮食娱乐等休闲场所；按非物质文化资源，有传统戏剧、传统美术、民间文学、曲艺、传统技艺、传统舞蹈、民俗等；按文化结构，分为制度规章、行为规范、民俗民风、现代管理制度、商业模式、文化品牌、知识产权、行业标准；按精神文化资源，分为价值观念、哲学伦理、文学艺术、创意、策划、工艺技艺、管理、宗教、行为方式、城市精神。

问：所谓宁波特色文化资源有哪些？

答：宁波最具代表性有天一阁、天童寺、阿育王寺、保国寺、北仑港、慈城等。从国家层面讲，特色文化资源是整个民族乃至整个国家精神的集中体现，是文化传承的精粹，传递着传统文化基因和民族价值认同的核心内涵。对于地方而言，特色文化资源是凸显该地域特色的重要文化符号，具有高辨识度和不可替代的特性。用特色文化资源讲好宁波故事对增强我们的文化自信、强化文化认同和身份认同具有非常重要的意义。

问：您觉得宁波有哪些文化特色可以跟服装结合在一起？

答：你是江西人的话，我觉得你可以好好地挖掘一下江西的历史文化基因。你可以从你最熟悉的开始，把传统元素再转换过来，利用好非物质文化遗产，把那些编织的技艺用到服饰的编织当中，这样会产生不一样的效果。

问：如何保护与利用宁波的传统文化资源？

答：一是编制文化资源的整体性保护规划，打造“点、区、面”

相结合的文化资源空间格局；二是促进文化资源转化，积累文化资本，提高附加值，提升品质；三是构建文化资源集聚的载体平台，组织举办各类文化节事，集中建设重大文化项目；四是促进文化资源的要素整合和制度创新，推动文化资源与其他发展要素的有机结合，加快科技创新和制度创新。

技能改变人生 匠心成就未来

张利舟，2008 年毕业于浙江纺织服装职业技术学院模具设计与制造专业，现任杭州轩玮鸣模具科技有限公司总经理，是浙江省首席技师、浙江省技术能手、浙江省“百千万”高技能领军人才—拔尖技能人才、浙江省青年岗位能手、杭州市技术能手。

我是 2008 届模具设计与制造专业的毕业生张利舟，以前班级是 2003 模具（五年制），今天很荣幸能够与在座的各位分享我的个人经历。

2003 年，我进入学校，学习模具设计与制造专业。当时的我单纯就是想学一门技术，以后有一门养家糊口的手艺。我当时之所以选模具专业，是因为模具是工业生产的基础工艺装备，被称为工业之母，是制造行业的核心技术，涉及机械、汽车、电子、通讯、家电、医疗等各个行业，应用面非常广泛。等我技术学好了，就业也就不是什么难事，而且这个行业不易被淘汰。

在学校学习的五年时间是我接触模具行业的起点。我特别感谢老师对我的悉心指导，也感谢校领导对我的深切关怀。毕业后，我顺利进入模具行业工作。

在工作的这些年，我获得的荣誉有浙江省首席技师、浙江省技术能手、浙江省青年岗位能手、浙江省百千万高技能拔尖人才。参加工作后，我一共参加了两届浙江省模具设计比赛。先从 2013 年开始说起。先是参加了浙江省职工技能竞赛杭州市的选拔赛。我当时取得的是杭州市第 2 名。每个市的前三名晋级到省赛。省里的比赛我又得了第 2 名。在 2013 年的职业技能竞赛中，模具设计项目属于二类比赛。一类比赛是车工、铣工、钳工那些项目。二类比赛规格没有一类比赛那么高，也没有那么隆重。比赛完以后，我获得了浙江省技术能手、浙江省青年岗位能手、杭州市技术能手这三个荣誉称号。

我重点讲一下 2016 年的比赛。那一年模具设计这个项目属于一类比赛。当时比赛前媒体的宣传都是铺天盖地的。获得第 1 名有浙江省首席技师这个荣誉称号，还有奖金 8 万元；第 2 名到第 5 名是浙江省技术能手的荣誉称号，有 5 万元奖金；第 3 名到第 5 名都是 2 万元奖金。先说结果，我是第一名。在 2013 年时，我就已经做设计部经理了，日常的工作是设计师设计完模具以后给组长检查，组长检查完后再给我审核，我是设计质量最后一道的把关人。另外，还要模具报价，还要出差到客户公司去检查模具。当时，自己已经很少动手设计模具了，在操作方面已经有些生疏了。那时候日常的工作也非常忙，接到了比赛通知后，我就在完成了工作以后，晚上留一些模具自己做，当作恢复性训练，到了要比赛的日子基本已经恢复得差不多了。

我印象非常深刻，比赛时间是 2016 年 11 月 28 日，地点在杭州科技职业技术学院，当天上午报到并领取比赛规则说明、赛程安排等资料，其中也包括比赛选手名单，看到选手名单当时我心里是咯噔沉了一下，参赛的选手都是来自省内知名的模具企业，像绍兴的世纪华通，台州的美多、赛豪，宁波的得力集团、双林模具等，这些都是省内实力非常强的模具企业，有些企业跟我所在的友成模具在业务上是竞争关系。其中有几位参赛选手我还认识，他们都是各自所在企业中的顶梁柱。赛事的安排是当天下午理论比赛，第二天上机实操，其中上午模流分析，下午模具设计。比赛规则和纪律是非常严格的，有一个细节我印象很深刻，比赛前先到赛场楼下大厅集合检录，随身物品都放在楼下大厅统一保管，并依次抽取抽签号，然后拿着抽签号的顺序到楼上赛场口再抽取比赛的工位号，工位号才是比赛的座位号，进赛场前还会像过安检一样搜身检查是否携带了违禁物品，两天比赛赛前都是这样的流程，包括第二天中午吃饭都是盒饭送到座位上。理论知识竞赛时间是 90 分钟，题目范围非常广泛，包括 CAE/CAD/CAM 知识、工程制图知识、塑胶材料知识、模具材料知识等，虽然只是模具设计比赛，但是比赛题目涵盖模具行业的各个方面。当然，一个优秀的设计师确实需要具备这个行业全方位的知识储备和实战经验，如果只是单纯的学了一两个设计软件就觉得自己是设计师了，不需要去学习其他方面的知识，这个观点无疑是一个笑话，这样设计出来的东西也只能停留在纸上谈兵的层次。我在这里要感谢学校对我的培养，感谢各位老师的辛勤付出，使我在学校学习期间就打下了扎实的模具基础。我当时的理论知识比赛比较顺利。赛事第二天是上机实操比赛，拿到产品 3D 数据和产品信息要求后，上午 3 个小时做模流分析，根据产品要求分析浇口位置、运水效果和成型工艺，并完成模流分析报告。下午比赛 6 个小时，按照上午模流分析的方案设计整套模具 3D，完成 2D 装配图、前后模仁零件图、前后模仁加工刀路和模具设计说明书。当时的题目产品是一个壳体塑料件，跟我平时工作中制作的产品相比，这个产品还是比较简单的，模具结构为两个滑块、两个斜顶。最大的难度在于下午时间不够用，6 个小时非常仓促。仓促到什么程度呢？像这样的产品放在平时工作中按我们工厂的设计标准，这个产品这样的工作量 3D、2D、刀路、说明书全做完估计要一天半时间。现在要求 6 小时完成并且保证质量，这个难度可想而知。

赛前，我针对用时和拿分问题就想好了策略，保证每一块内容都拿分，保大弃小。我详细讲一讲我的策略。

刚才讲到了下午的比赛共有5块内容，即模具3D设计、模具2D装配图、模仁2D零件图、模仁加工刀路、模具说明书。3D设计会占大部分时间，并且根据产品的难易程度，需要花费的时间不可控，没有看到产品前无法估计3D设计所需要花费的时间，其他4项内容相对来说所要花费的时间比较固定，如模仁2D加工图，加工图就是标尺寸，运水螺丝顶出镶件的标注，产品复杂与否对完成这部分内容所花的时间影响不大。

正常的做法是根据顺序，一项一项内容逐一完成。我的策略是把3D设计的内容分成2次完成。在模具3D主要部位设计完成后，3D先暂停，先做模仁2D零件图和模仁刀路，把这两块的内容做了，再回头接着做3D，等3D全部做完再做模具装配图和模具说明书。

这样做的好处有两个：一是时间上的安排更合理，一旦3D核心部位设计完以后，我指的核心部位是说分模、抽芯结构、进胶、运水、顶出、互锁、调模胚这些做完以后，后面的3D工作，如加撑头、限位柱、垃圾钉、排气、翘模槽等，就不需要费太大脑筋，对整体模具3D核心部位也不会有影响，完成这些只是时间问题，可以先做其他事情把能拿的分数先拿下。二是可以及时检查，做模仁零件图和刀路的时候实际就是在检查前面的3D设计环节，发现问题可以及时更改，这样问题不会等到最后才发现，那样就来不及改了。事实上，我那天下午也是按这个方法做的，并且顺利完成了全部的内容。当比赛完走出赛场后，我与其他的选手交流，他们都说没有做完，有的选手甚至只是刚做完3D。

讲这些就是给大家分享一些比赛的经验，省里一共就组织过两次比赛，我都参加了，并且一次是第二名，另一次是第一名。我觉得比赛主要考验的是以下几方面的能力，要有高超的技能水平、全面的知识储备、过硬的心理素质以及灵活的临场应变能力。

说到技能水平，这个是比赛前没办法临时抱佛脚的，只能是靠平时的工作积累。下面我再讲一下我的工作经历。先说我的实习阶段。那时候还没有正式毕业，我回了杭州，先是进了一家小模具厂，厂里是做注塑模和吹塑模的，人员也就十来个。我当时在厂里做钳工，负责车铣刨磨、划线、打孔、装配模具。我印象特别深的是做磨床的时候，当时厂里的设备非常落后，还是手摇式磨床，右手控制下刀量，左手左右摇手柄控制工作台，一天做下来左手就像脱臼了一样，提都提不起来，吃饭的时候饭碗都捧不住。还有厂里用的塑胶材料是用色粉调颜色的，用的是一种肉色偏粉红的粉料，那段时间整个车间里连扫地扫出来的灰尘都是这个颜色，工人在这样的环境下工作，就好像受到了无差别攻击，我的鞋子、裤子、衣服从头到脚都是这个颜色，脸上也沾了一层粉，洗一把脸水都变色，鼻孔里也能掏出粉色来。回到家我妈洗我的衣服时用板刷要刷好多遍才能把颜色刷淡一点。后来，我妈形容我那时候的状态就好像是个刚从窑洞出来的煤矿工人，只是颜色不同。

后来，我换了一次工作，是一家稍大一点的模具厂，在里面做操机，操作车床和加工中心，闲的时候也干一点钳工活。有一次厂里自己做了一台工装设备，大概课桌这么大，差不多两米高，我们几个人要把设备抬到另一个车间去，在抬的时候没抬稳，设备往我这边倒下来了，设备头部尖角的位置在我脚腕上划开了一个大口子，当时把我们几个人都吓坏了，刚开始伤口不出血看里面是白色的，过了几秒钟血才涌出来，同事立马拿来纸巾让我按住伤口，然后马上叫了老板把我送医院，还好没有什么后遗症，只是有一条很长的疤，现在都还在。这里顺便跟在座的同学们提一下，将来工作中千万要注意安全，要时刻保持警觉，遵守公司的安全条例，如果真出事就来不及了。

之后，回学校做完毕业设计正式拿到毕业证，我又换了一家公司，机缘巧合之下进了一家模具培训机构，在里面做培训助教。可以说，咱们学校的教学质量是相当不错的，以至于我一拿到毕业证就转变角色从学生变成老师了。我在这个培训机构里教过的课也挺多的，加工中心、AUTOCAD、UG、模具设计以及毕业设计这些课都带过。做了两年以后，我觉得一直把自己的东西教学生似乎自己本身的进步并不大，可以去外面锻炼锻炼。

2010 年，我到了杭州的友成模具，友成是一家中日合资在香港上市的大集团公司，在中国杭州、苏州、吉林、广州、芜湖、孝感、天津以及日本静冈都有厂，主要的模具工厂在杭州萧山。友成模具做的是高端的汽车类模具车灯、安全气囊、内饰件等，以出口到欧美发达国家的模具为主。刚到友成模具的时候我自己是不适应的，因为在这之前接触的模具都是偏中低端的模具，这类模具的做法放在友成模具并不适用，而且当时我的技术在里面也只是中下水平。认清这个事实后，我决定要奋起直追，提升自己的技能水平，完善自己的知识架构。我当时在完成自己的工作后还经常主动向领导申请新任务，空闲时候研究公司标准，遇到不会的问题自己先思考再向师傅请教，每天去车间现场查看模具加工进度。现在流行说工作时间 996，当时我的工作时长远远大于 996，加班到后半夜下班是常态，回到宿舍累到沾枕头就能睡着。最多的一个月工作时长 330 个小时。就这样坚持了 3 年，我在设计部门里算是技术拔尖的主力了。

考虑到自身发展，2013 年 8 月我到了友成第六工厂做设计部经理，主持整个设计部门的日常工作，从一线员工转到了管理岗位，刚开始不会管理，就摸着石头过河整理出设计流程，明确各个岗位工作职责，调配几个设计组的人员。在管理岗位要考虑更多的是整个部门的工作进度和质量，要培养部门整体实力，不单单是一个人单打独斗。这锻炼了我的管理能力。我讲一个在友成第六工厂的模具案例，那时候有一个客户是生产空调过滤网的，想创新技术，所以专门找到我们工厂寻求技术支持。空调过滤网由塑料外框和过滤网片两部分组成，由外框支撑起网片的轮廓。产品要求网片包裹在外框塑胶内，网片不得超出外框范围，外框周圈保证光顺、不刮手。在注塑工厂的量产过程中，当时的做法是每一次开模将网片挂在模具中，模具合模使前后模压住网片固定，注射塑胶成型外框使网片与外框黏合为一体，在模具内冷却后将合成一体的过滤网取出。此时，网片伸出外框以外，看上去就像外框外面多了一圈“毛边”，再由工人将“毛边”削除并装箱，完成产品的生产过程。据统计，注塑周期用时 35 秒，“削毛边”平均用时 20 秒（“削毛边”用时与工人熟练程度相关），总周期约 55 秒。“削毛边”约占总时间的 36.4%。客户考虑将削毛边这一步骤取消，从而提高生产效率并且节约人工成本。我分析“毛边”产生的原因，在注射外框时，注射压力作用在网片上，此时如果网片没有压紧或只是单边压紧，注射压力会将网片冲散甚至冲跑。为抵抗注塑压力，网片的大小只能比外框大，合模时网片在外框的内侧与外侧同时压紧固定。注射完成后，外框外侧的网片压紧部分就成了“毛边”。我们在客户公司实地了解情况后给出了方案，新做一套模具，将切网片工作在模具内完成，模具开模时利用机械力将外框外侧多余网片切除并弹落，机械手取出成品。模具由我们工厂制作出来，经过多次试验，该切网模具合理可靠，剪切断面整齐光顺，产品从模具内顶出可以直接装箱。每台成型机节省一名操作工，产品成型周期更改前 55 秒，使用自动切网机后成型周期 40 秒，提高生产效率 37.5%，得到了客户的好评。

我是一个喜欢挑战的人，也享受解决问题后获得的成就感。2018 年，我离开友成模具，创立了自己的公司，做三个方面的业务。一是为模具企业提供设计服务。近几年，中小型模具工厂普遍存在一个问题，即业务不稳定，忙的时候忙死，闲的时候闲死，出于人工成本方面的考虑，一般的模具工厂不会养太多的设计师，因为业务少的时候也要发工资。业务多做不过来的时候可以将业务外发出来，这个是趋势。二是往培训方面发展，将我的经验和技术传授给更多人，为行业培养更多的新生代力量。三是为初创的科技型企业提供模具技术咨询。模具行业本身是一个偏冷门的小行业，懂的人少，当有产品需要开模批量生产时，找开模和量产供应商、生产费用、质量把关这些工作都需要专业的知识和人脉，外行容易走弯路。4 月中旬，我同学所在的公司就遇到了问题，他们公司研发了一款智慧停车的设备，开模和量产在宁海，当时模具已经完成，试模产品效果却不理想，设备总装后防水效果不达标，合格率只有 30%，模具试一次修一次，修了 4 次模，问题始终没有得到根本性改善，模具厂这边找不到问题的原因，我同学的公司里也没有懂模具的人，并且当时情况已经非常紧迫，客户已经下了 5000 个产品订单，但是产品这边一直不过关，没有办法交付。我同学就找我帮忙，我看了产品和模具 3D 以及试模样件，然后去了一趟宁海的模具厂，实地检查模具后，发现了设计和生产环节的两处缺陷并提出改模方案，模具厂根据方案改模，3 天后模具改完再次试模，原来的问题就彻底解决了，合格率为 100%。

今天我就跟大家先分享到这里。最后，再次感谢母校对我的栽培和各位老师的辛勤付出，祝我们的母校发展得越来越好，祝老师身体健康，祝各位校友学习、工作顺利。

在了解服装时尚的核心中提升自己

张肇达，中国服装设计师协会副主席、亚洲时尚联合会中国委员会主席团主席、北京大学书画研究会艺术顾问、北京大学文化研究与发展中心研究员、清华大学美术学院兼职教授、中国民族书画院副院长。

今天我和大家谈谈我对服装时尚的23个设问的体会。

第一，服装的基本功用是什么？自从有人类开始，人对衣服的需要都离不开四个层次：一是自我需要；二是环境需要；三是爱的需要；四是显耀。通过人们对这四个层面的需求比重不断变化，与服装的价格和品质对应，与商业和资本嫁接，从而缔造了现代社会一个庞大的服装帝国。

第二，时尚到底是什么？时尚是一种生活典范。少数先验者创造着时兴的生活方式、行为模式及文化理念，被大众景仰和追逐。优雅、简约、奢华、性感也是时尚众多的代名词，但其核心其实是一种内在的精神能量，是对幸福生活不断追求的一种潜能。追求时尚，是社会进步的一种动力，即少数人的生活方式、行为模式、文化理念被很多人追逐。后面的这追逐的东西就是时尚，时尚有四个席位：优雅、简约、奢华、性感。时尚产业是一类没有边界且外延可以无限拓宽的产业。其中，时装是时尚业的核心。

第三，西方时尚的核心是什么？西方时尚标准背后所支撑的是两大类文化，即以欧洲为代表的从文艺复兴时代一脉相承的文化和以美国为代表的后工业时代。从色彩来说，西方艺术早期基本是两个色系：一个是灰色系，另一个是咖啡色调。欧洲现在年纪大的人基本都是穿着灰色调或咖啡色调的服装。美国的东西是从欧洲演变过来的，欧洲的灰色调演变过来就是黑、白、蓝，咖啡调演变过来就是柠檬黄、紫色、大红。这样演变过后就成了美国色彩。

第四，时尚与文化的关系是什么？没有文化的设计是空洞的，因为那种设计只能是单纯的工业经验形态构成的东西，无法拥有现代感与前卫性，无法使人产生共鸣。文化使设计师的衣服有了“灵魂”，所以中国服饰讲究文化。文化是设计师的设计意识与最核心、最关键、最有价值、最具号召力的资源。所以，文化是非常重要的。潮流是文化的趋势，时尚是文化的流行，前卫是文化的前瞻，审美是文化的理解，色彩用文化来定义，款式用文化来诠释，搭配用文化来组合。各种装饰、面料、色彩、线点、肌理、廓形等是以一种更直观、更具象的视觉化形态来表现各种文化的载体。

第五，时尚与艺术的关系是什么？艺术和时尚永远是孪生兄妹，艺术是兄长，时尚是妹妹。哥哥要从妹妹那得到灵感，得到美好的东西；妹妹要从哥哥那得到对品位和人生的一种新的、高素质的追求。时尚过于轻浮和功利，它需要从已成为经典的艺术中寻找灵魂和艺术深度，寻找它去创新的起点和支点。我主要运用雕塑的原理、绘画的手段、东方的元素和全新的创意、展现出新的组合。它超越了服装设计自身的大循环，创造出许多新的设计语言。我运用各种面料、色彩、线点、肌理、廓形、装饰等更直观、更具象的视觉化形态来表现我的艺术意识和思考。

第六，服装与社会角色的关系是什么？这是一个很重要的逻辑关系，是一个我们现在做服装所有的逻辑和中心原理。其实，这是犹太人教育孩子的一个原理，做衣服的逻辑就来自这个原理。要看现在卖衣服的人在说什么，衣服是卖给谁穿的，有人说衣服是卖给企业家的，也有人说衣服是卖给白领的……实际上，服装的存在是为了实现人们的欲望和期待，一个欲望被满足，又促使另一个欲望产生，这便是服装得以一直延续的原因。

第七，怎么区别消费人群呢？基于不同人群对生命与生活的不同体验和关注，这些人可以分为四种：即醒着、活着、爱着、梦着。醒着就是为醒着的人服务，在满足其需求层面中，他们并不需要品牌；活着就是为活着的人服务，需要满足他们对利益、环境及实现自我的需要，做出物有所值的作品，他们需要的是成衣品牌；爱着就是为爱着的人服务，要满足他们的感情、权力、道德等方面的需要，创作出投其所好的作品，他们所需的是高级时装品牌；梦着的人追求心灵、梦、谈天道，要满足他们追求梦的需要，做出心旷神怡、让心飞扬的作品，他们需要的是高级定制、奢侈品牌。可见，每个人群的需求是不一样的。

第八，如何区分服装品牌呢？服装品牌分为四个板块。这四大板块之间无高尚、低俗之分，只是服务于不同人群，满足不同需求。四大板块分别为奢侈品、高级定制、高级成衣、一般成衣。同样是做出一件衣服，每一个板块所需要的、所期待的概念与系统都十分不同。只有清楚每一个板块内容，把自己的期待与才干对应板块，那么有才华的设计师、热血的投资者以及时尚爱好者才不至于满腔热血而进、空虚败兴而归。

第九，什么是奢侈品呢？奢侈品是"一种超出人们生存与发展需要范围的，具有独特、稀缺、珍奇等特点的消费品"。奢侈品核心是什么呢？制造梦想并把梦想卖给你。时尚就是个梦，我把这个梦做出来卖给你。当梦想的价码没有可相比较的物件时，奢侈品的价码就被无限提高。我们不会因为梦想抛离现实而抛弃梦想，反之可能离现实越远越好，梦想的价码越高越好。奢侈品无须对怀疑价码的人服务，因为持怀疑态度的那群人不是对价码怀疑，而是对奢侈品是否能承载梦想存在怀疑。只要对此怀疑的人群都不是奢侈品的消费群。

第十，奢侈品要怎么经营呢？一个成功的奢侈品品牌必须有一个十分强烈的文化符号，一位明星设计师，一家在显目地段的巨型旗舰店，一系列高价位、高品质的产品，一直持续的大量新闻炒作。这一切都是为了制造每天在你生活中挥之不去且无法摆脱的大量信息，却又能让你觉得高不可攀的强烈冲突感。更重要的是，一个梦想的达成会马上促成另一个梦想的生成，你永远无法真实地触碰到那梦想的彼岸。你认为不可轻易拥有之物被你所崇拜或羡慕的人拥有，也被你渴望成为的人拥有的时候，你的欲望会更加剧烈地摇晃。梦想总是空幻的，一个追逐着一个。奢侈品给你一个故事，给你一个梦想，给你一份虚荣，给你一份荣光。所以，你是它的奴隶。

第十一，什么是高级定制？高级服装定制是服装设计中一个最古老的板块，可以让设计师直接面对消费者。简单来说，高级服装定制是一种对精湛工艺与昂贵衣料的完美追逐，审美性远远高出了实用性。坚持每款只生产一件的传统量身定制，用料稀有，纯手工，高品质制作，强调专属感与个性化，十分耗时，价格昂贵，是时装创意和设计的最高级别。在服装设计的最开端，服务的就是高级定制。服装设计的创始人沃兹对服装设计的最初理念如今还影响着高级定制的定义。

第十二，时装秀的出现是否改变了服装设计和发布的体系？沃兹创新了改变服装史的两个概念“时装秀”与“服装系列”，将服装按照季度进行发布。这个人非常了不起。这段服装史的巨大转折使被动的劳力性工作转化为主动的创造性工作。

第十三，服装是由一位位天才设计师设计的吗？我做高级定制大概 20 多年，有很多世界名人是我的客人，基本上做一件衣服需要很多时间。我们先要和客人沟通，了解他的工作环境以及他自身的状况，为他做一个方案，然后给出效果图，之后量体做样衣，要求选最好面料，并让他们试穿样衣。

第十四，高级定制的设计师与客人的关系是什么？你要了解这位顾客，根据客人所想扮演的角色来做整个方案。今天有句话想跟大家说，就是你为顾客服务的时候，要看他想在社会上扮演什么角色，这个是很重要的。

社会角色分为政治家、商人、文化人士、宗教人士、娱乐人、家人。你一定要知道这个顾客想成为什么角色，他现在在做什么工作。

第十五，创造一个品牌高级成衣需要什么呢？成衣简单来说就是在高级定制的基础上创作并以工业化的方式最终把它做出来。高级定制、高级成衣和音乐一样，高级定制就像交响乐、经典音乐，高级成衣就像流行音乐，简单来说，高级成衣只需要一点点艺术，不需要太多的艺术在里面，一个旋律、一个简单的音调就行了。

第十六，高级成衣如何带动潮流？发布会不是单纯的衣服展出，而是一场从衣服、模特、设计师、参加嘉宾乃至媒体所组成的一场庞大的演出。一场高成本的发布会中，目标的观众不是到场的数百位嘉宾，而是所有期待这场演出，期待自己能被邀请去参加这场演出的普罗大众。从这个窗口打开后，就如一阵风一样从窗口猛烈地吹向四面八方。潮流主要是指社会中有力量、有地位的人（包括明星、模特、名媛、时尚达人等）受邀参加发布会和时装周，在他们看到衣服展示后，在他们开始议论和穿着这些衣服并通过媒体或社交网络出现在大众面前的时候，那些以他们为目标，期盼成为他们的人群便会开始模仿他们的穿着，新的时尚潮流就会启动。

第十七，成衣是什么能？一般成衣就是标准化的衣服，审美比较低。

第十八，为什么一般成衣无法引领潮流呢？一般成衣是运用潮流来延伸。因此，相对于创造者来说，一般成衣的设计师更像是观望者。他看见人家有什么自己就赶快抄人家的东西，其实成衣就是一场模仿的比拼。一般成衣需要用相对廉价的面料、相对简易的车工设计，所以一般成衣的设计师更需要的是找寻与高级成衣相像的面料、车工的替代物的能力。

第十九，一般成衣的服务对象是谁呢？如果说奢侈品、高级定制、高级成衣都是为梦着的人服务的，那么一般成衣是为了“活着的人”服务。活着的人有两个层面，一个是有梦者，另一个是无梦者。梦着的人同样是活着的人，所以梦着的人也会去买一般成衣，但是他们非常清楚这些衣服什么时候穿，应如何用来搭配那些有梦的衣服。一般成衣的存在对有梦的人来说就是作为搭配的，永远不会成为他们衣橱里的宝贝。人不会无时无刻都在做梦，有梦的人也会徘徊于生活，然而同样的生活对有梦的人却不同。

第二十，什么是品牌？ 20 世纪中期，伴随着工业革命的发展、资本主义概念的成熟，成衣出现了。直到 20 世纪后期，服装史翻开了“成衣”这个新篇章。衣服的制作不再由个人手工制作，不再由独立的工作室制作而成，转向在工厂由工人利用机器流水线作业生产。一个流水线作业下的产物是如何承载时尚与个性的？一件大家都能拥有的服装如何能承载那个独一无二的梦想？答案就是品牌。品牌会怎么做呢？成衣世界里品牌是最重要的。一个成功的品牌可以让公司将昂贵的高档时装组合经济实惠的大众市场商品，形成庞大家族。最后五个问题，我要谈谈我们服装产业是怎么样的。

第二十一，中国的服装产业是什么样的？改革开放以来，中国构建了世界最强的服装生产工业。因为开放，闽、粤两地的纺织服装企业凭借着特区政策优势、毗邻香港的地缘优势以及有着相似的文化习性的人文优势，率先承接了香港的制造业以及通过香港向内地渗透的西方服装品牌的技术及资本转移，使服装代加工业得到了蓬勃发展，大批的服装企业靠着灵活的生产周期、低廉的土地和劳动力成本分得了改革所带来的第一次政策红利。中国的经济体制从计划经济向市场经济转变，国有退出、民营挺进的风潮愈演愈烈，给了江浙一带以重商主义为传统的民营乡镇服装企业极大的发展生机，这些民营乡镇服装企业凭借大胆的作风，以补充市场短缺的经营思路迅速崛起。

第二十二，中国产业如何做到文化自信？我们服装文化的融合有四个层面：第一层面是学人家的。一个流着东方血液或融入东方世界的设计师利用西方文化生产出来的产品本身就是一个东西方融合的产物。第二层面是东方的符号。在设计中找寻能代表东方的符号、素材，加入自我美学，在设计中添加时尚感与国际感。第三层面是要去探索东方，把东方生活融入设计，就是创作出国际化的、时尚的并蕴含东方韵味的作品。第四层面是东方思维。如果文化的根是思维模式的差异。核心是东方的思维模式，需要从东方思维判断中推敲，做出能阐述东方思维的产品、故事、模式。做出非记忆中的东方形式却处处流露出东方感的设计。重点是如何把这样的思维模式呈现出来，又能让国际理解，让国际认同。

第二十三，世界服装产业如何与科技融合？科技是时尚的顶端，时尚一定要跟科技相关联，只有两者相结合，才能摆脱周期性的命运，服装的创造性发展才能好，科技化的服装才能有重大突破。现在的服装发生了很大的变化了。我们不应忽视未来的一些颠覆性基础技术对服装时尚业可能带来的改变，这些可能还没发生，或者正在发生。物联网技术的应用将大大改善服装企业的仓储管理、供应链管理，信息共享大数据技术的运用可以对消费者的偏好、习惯、色彩等数据实现精准跟踪和捕获。VR 技术的应用将为设计师提供虚拟的设计场景，以数字存储的方式生产设计模型和数据。VR 技术还将大大增强服装秀场、试衣环节的体验和沉浸感，增进消费者与服装零售的互动关系。

一把剪刀“剪”出工匠精神

潘超宇，宁波培罗成股份有限公司首席制版师，“潘超宇技能大师工作室”领办人，纺织行业职业技能竞赛裁判员，国家首批服装制版师鉴定高级考评员，获评全国纺织工业劳动模范、浙江省首席技师、全国技术能手、浙江省“金蓝领”高技能人才、宁波市首批“港城工匠”等荣誉称号。

很高兴跟大家进行交流，先简单自我介绍一下，我是宁波培罗成股份有限公司的首席技师，在企业里主要从事西服类职业装的版型设计与技术创新工作，领办了省级的技能大师工作室，开展项目攻关、技术革新、带徒传艺、学习交流等活动。我从学服装技术至今一路走来都非常平顺，没有跌宕起伏的经历，所以个人经历没有可以抓取的精彩案例。今天受邀做个人经历介绍，我想先从我的家庭背景、学历讲起。

我祖籍余姚，我的父亲是地质系统的高级工程师，一生都在宁波第五地质大队从事地质水文勘测工作，我的母亲是教育系统的高级教师，长期做校长工作。我平时自己动手能力比较强，喜欢绘画，恰巧那年没有美术班，找了一圈有服装设计这个专业，觉得这个工作能创造美，有时代感，挺喜欢的，就入了这行。那时，父母虽然嘴上说学门手艺自食其力也挺好，但我能感受到他们的一丝丝遗憾。他们希望我也能像你们一样读大学，有更高的学历，有更加宽广的发展空间。

1990 年，我开始接触服装，当时很庆幸是学校与企业联办的“双元制”形式，学校老师教理论知识，企业导师教实操技术。在这个班，我遇到了技能方面的启蒙老师赵珠宝女士，她是服装四厂的技术科长，16 岁跟父亲学裁缝技艺一步步成为服装四厂的技术核心。她虽然学历不高，但是每次上课内容都是精心准备的，而且讲得深入浅出，一听就是花了大量心血备课的。她的言行就像她说的：“你们是我第一批学生，也是最后一批，教完你们我就退休了。企业派我来教你们，我就有义务把你们都教会、教好再交给企业，我要站好最后一班岗，绝对不允许某一位学生专业课毕业成绩不合格。既然你们选择了这个专业，就要做一行，爱一行，专一行，择一事，终一生。”后面这句话一直刻在了我心里，激励着我，使我各方面得到长足进步，每年的专业课成绩都保持全班第一。

1993 年毕业我进入了服装四厂。一个班级一半同学被分配到服装四厂，另一半被分配到服装三厂。业务与技术岗位比较稀缺，同学们都想去，而我与企业领导商洽后选择第一年在缝纫车间，第二年到裁剪车间，第三年才进入技术部。到技术部后，工艺文件设计、版型设计、耗材与工时定额测算方面的优势就体现出来，为什么呀？因为自己都做过，基础扎实了心里就有底！工艺哪里该简化或该复杂，哪些操作工喜欢做，哪些又会抵触，这些我都知道。技术科长喜欢把难度大的单子交给我，而有难度才有斗志与拼劲，这不仅激励了我，还锻炼了我，使我在技能提升的路上形成一种良性循环。

在服装四厂技术科做了一年遇上企业转制合并的浪潮，人员富余，我们一帮年轻人都想去看看外面的企业怎么样。当时也是民营经济蓬勃发展的年代，我和一位非常要好的同学一起去转了一圈，到太平鸟、博洋、培罗成等多家企业应聘，这些企业都热切希望我们能够过去。正好有两位服装四厂退休的技术人员被宁波培罗成股份有限公司聘用为质检部经理等，也游说我们过去。我们两人一合计，觉得宁波培罗成股份有限公司做西服的，产品技术含量高，很多设备设施都比较新奇，有东西可以学。而且接待我们的是培罗成创始人史利英女士，和蔼可亲，答应我俩都到技术部工作的要求，能在黄玉明工程师身边做助手。

1996 年 8 月，我进入宁波培罗成股份有限公司工作。那时的技术部配置非常简单，三个人、三块门板、三个高木凳，一个龙门架挂样衣，总共 40 平方米的房间，没有电脑，也没有技术文件，只有三五款男女西服，规格单都是手写在硬板纸上的，每个车间的小组发一张。当时处于产品单一、需求略大于供货的年代，打样的东西也不多，偶有新品打样我会主动去说："师傅呀，里子衬布我来配吧。"当时，黄师傅也是蛮拒绝我俩的，可能是担心教会徒弟饿死师傅，我想应该是史厂长做了思想工作才勉强同意我俩跟着他工作的。想让黄师傅教不太可能，只有师傅在做的时候自己远远看着用心记着是唯一的办法，偷点技术才是硬道理。当时，宁波培罗成股份有限公司已经开始涉足职业装，专卖店的师傅经常来不及出去量体，我自告奋勇安排出一部分时间去量体采集人体尺寸，另一部分时间在公司分析采集的人体数据并研究样板、熟悉制作工艺，忙碌而充实。到了 1998 年夏天，工作服业务爆发式增长，女装款式越来越多，黄师傅忙得汗哒哒滴，我又跟黄师傅说："师傅呀，里子衬布我来配吧。"黄师傅终于肯让我动手了。"师傅呀，这个裤子我来弄吧""你去试试看""师傅呀，这个马甲我来弄吧""你去弄好了""师傅呀，这个大衣我来弄吧""你去弄好了，我放心"，慢慢地打样的活儿都转到了我俩手上。到了 1999 年企业开始引进 CAD 系统和裁床，黄师傅看到电脑就头晕了，其实我俩也头晕，没摸过计算机。幸亏我们两个年轻人适应力强、学得快，通过设备供货方的培训，通过高强度练习，完成了企业第一套数字化样板和裁床的链接与运行，又协助黄师傅完成了企业在北京、上海、宁波等地各种博览会的参展样品和职业装招投标的版型设计。

2003 年，由于我各方面表现出色，企业领导推荐我入了党。2006 年，经企业推荐，我获得全国纺织工业劳动模范称号，享受省部级劳模待遇，第一次走进人民大会堂。当年一起入选的有雅戈尔的掌门人李如成、杉杉的一把手郑永刚、申州的接班人马建荣等，也有几位像我一样的一线技术人员和工人代表。从北京回来，父母对我读职高也不再说什么了。

2007 年，我参加完成企业首份质量内控标准、首次 ISO 9001 内控标准的编制工作。2008 年，我们完成了企业承接起草国家标准《职业服装检验规则》的起草工作，我个人取得服装技师职业资格。2011 年，我为企业完成半毛衬西服工艺在职业装单裁单量批量生产中的攻关，每年能为企业增加效益 600 万元。近几年，半毛衬技术非常成熟，开始普及，价格回落。2011 年我代表宁波市参加浙江省职业技能竞赛，获得第二名，获评浙江省技术能手称号。

2012 年，我领办了我市首批授牌的以个人姓名命名的技能大师工作室，组建了 10 人的团队，开展项目攻关、技术革新、带徒传艺、学习交流等活动。这个工作室的成立对我来说学习面更广，学习机会也更多。同年，工作室参加市级以师带徒，首批 42 位学员全部通过了高级工考证。我个人在中共浙江省委党校学习，获得本科学历。2013 年，面对小批量多品种下各式袋盖、肩襻等部件制作难度大、速度慢的状况，去利用样板边角料设计出“袋盖、腰带、肩袢成型机模”，大大提升了产品质量与生产效率。2014 年采用“弹力面料防扩张工艺”解决了招商银行招投标中含氨纶面料女装胸型易扩散的难题，中标 5000 多万，累计增标至 1.1 亿。当年工作室升为省级资质，我个人获评浙江省首席技师和全国技术能手称号。

2015 年采用“双抽缩分烫定型法”解决了东方航空招投标女空乘插肩袖肩端易扭裂的问题，中标 6000 多万。招投标是我们企业最核心的工作，只有招中标，全厂才有活干，才有饭吃，才能发福利。如果一直招不中标，企业是会倒闭的。服装采购招投标一般分技术标与价格标两部分，只有符合招投标资质的要求并通过材料审核的企业才能参加招投标活动。价格标主要由业务部门根据采购内容估算自己企业综合成本加上目标利润出来报价，采购方会设计最低价中标、平均价中标或者采取平均价上浮 20% 等不同要求的价格，非常复杂，往往现场定价后密封上报，报价单位需要猜测竞争企业的报价等因素最终给出自己的报价，这个环节由业务部门完成。技术标一般不包括设计招标，它属于我的工作范畴，技术标形式多种多样，我无法一一讲解。东航这个技术标规定不超过 5 人进入现场看样衣，有将近 20 个款式，有飞行员、乘务员、地勤人员服装等，还要测量一男一女真人模特的人体尺寸，现场样衣不能给模特穿，厂家自己的衣服也不能带进来给模特穿，30 分钟内完成样衣及人体数据等采集工作，时间非常紧，后面好多家都排着队，超时就算放弃招标处理。20 个款式进去 5 个人，一人去量体，剩下 4 人每人要分到 5 款，每款最多 5 分钟看样的时间，这 5 分钟还要看一下模特体型，分析款式与人体尺寸的比例关系，找到成衣工艺的难点以及成衣廓形效果的缺陷。这些都需要在短短几分钟内分析甄别并做好记录，并在 10 个工作日内把所有样衣制作完成投送到采购方。当时我在看女乘务员那款插件袖上衣时发现成衣具有肩端凹陷前肩扭裂的问题，回来后对采购方提供的样板进行研究，代用面料试样，然后在企业内找到与女模特体型接近的同事试穿，前肩起裂问题很快解决，但肩端凹裂还是存在，毛纺面料做贴体插肩袖肩端的球状效果的确难驾驭，越要贴体肩端越容易凹裂，连续加班研究，最后通过在肩端前后缝份居中抛线抽缩稳定了肩端的归缩量，外观圆润肩端合体度好，并在规定时间内完成全部样衣投送到位。样衣评标时我们提供的服装模特合体率高、舒适度佳，技术评分获得最高分，到现在我们一直是东航的定点服装生产企业。招中标固然好，但如何把产品快速做好也尤为重要。针对东航女乘务服装，在后期生产中我们利用废弃的裤子拔裆机改造成“插肩袖双抽缩分烫定型机”，使产品效高质优。在企业里面，工夹具改造非常重要，我们要拓宽工作边界，甚至跨界，才能更好地提升预期效果，做好本职工作。要做好这些，需要我们能够安心、静心、精心研究，需要我们做一行、爱一行、专一行。

2016 年，通过量体大数据分析和试验，我设计深化“同号同型、变型推板法”，并结合量体师培训，使培罗成职业装返修率达到 0.8% 的低值，远远低于同类企业 2% 的返修率。2017 年，工作室获得“西服袖对条对格的制板方法”等 28 项专利；领衔开展企业技能人才自主评价，76 位职工获得服装裁剪专项能力证书；参加了“技能中国行——走进宁波”的展览展示活动，现场展示传统毛衬西服的技艺，让更多人了解了西服工艺和传统手工工艺。国家人社部张立新司长对我工作室进行视察，仔细询问工作室的建设发展状况，对我们所开展的工作和取得的成绩表示肯定。我也荣幸入选市工会代表，并获得首批浙江工匠称号。

2018年，我当选省总工会代表与中国工会第十四次全国代表大会代表，再次走进人民大会堂，习近平、李克强等国家领导人出席会议，李克强总理还单独召开半天的工作会议，聆听参会代表提出的建议，并对部分建议进行现场解答。作为一线技术工作者，我能够参加这么高规格的会议，感到无比自豪与光荣，深刻感受到来了党和国家领导人对技术工人的重视、对产业建设与发展的重视。这次会议，我向我所在浙江省代表团提交的建议是如何加速完善产业工人队伍技能人才的评价通道。为什么提这个建议？因为服装技能评价2016年到服装制作工技师、今年到服装制版师、高级技师都是封顶了。有许多有好手艺但没有学历的技术师傅往往连高级工、技师都无法评价，如何让这些人再前进一步，让他们持续地进行技术创新是一个问题，也非常重要。虽然会议上没有做现场回复，但各种政策导向已经很好地进行了回应。上周，我参加了宁波市技能大师工作室评优评估，镇海炼化建安公司开展了自主评价，有3位机电维修的师傅获得高级技师资格，27位获得技师资格，其中两位师傅有非常丰富的实践经验，长期坚持一线岗位，能够通过机器运转振动的细微异响诊断出增压泵里面哪个部件出现问题，并快速检修解决问题。以前一直因文化水平低、理论考试不理想达不到技师或高级技师资格，这次企业自主评价按照解决问题所创造的经济价值作为评价点，一年降低检修成本100多万与200多万直接晋级技师和高级技师。那他们的技能怎么来呢？他们都是十几年如一日，在本职岗位上做一行、爱一行、专一行，铸造成独树一帜的技能，成为佼佼者。

2019年我们工作室承办了宁波市最高等级的“技能之星”服装设计与技术职业技能竞赛和全国邀请赛。工作室希望协助政府部门为服装技术技能爱好者打造优质的竞赛平台，让一批技能优秀的选手脱颖而出，成为技能引领的标杆。我也荣幸兼职鄞州区总工会副主席，协助分管副主席开展技能竞赛和技能人才培训工作，并作为鄞州区“未来工匠大师”培育班服装专业的技能导师，指导多位徒弟教学技术创新，其中6位徒弟获得鄞州工匠、鄞州金匠荣誉称号，5位徒弟入选浙江省“百千万”高技能领军人才“优秀技能人才”，3位徒弟分别获得市赛第一、二、三名，1位徒弟获得省赛第一并获得浙江省首席技师的荣誉称号等。由浙纺院专家、教授和我工作室部分成员组成的"潘超宇技能大师工作室"经浙纺院推荐、申报，入选《高等职业教育创新发展行动计划（2015—2018 年）》项目认定名单。我本人也荣幸入选浙江省"万人计划"高技能领军人才和"杰出技能人才"，成为浙江省政府特殊支持人才，有关部门为我在科研管理、事业平台、人事制度、经费使用、考核评价、激励保障等方面提供特殊支持，同时享受国务院政府特殊津贴，成为我省服装制造业中唯一享受此特殊津贴者，并入选宁波市领军人才 B 类专家。获此荣誉，最开心的还是我的父母，对我的学历到职业重新做了审视，对我 27 年的从业经历表示肯定和祝贺。之后，我又获评"宁波市杰出人才奖"，市委郑栅洁书记亲自给我颁奖，是目前我市第三位获此荣誉的高技能人才，以往这个奖项是专门颁给有特殊贡献的专业技术人才或有特殊贡献的企业家的。可见，现在好多政策越来越向技能人才倾斜，从 2017 年起市人才工作领导小组破格设置一个名额专门给技能从业者参评宁波市杰出人才。我也因此成为宁波市特优人才 A 类专家，我应该是目前我市服装产业获此荣誉的唯一一位一线技能从业者。

我荣誉拿了很多，今年我在不断审视自己，以后我该做些什么，还能做些什么？其实只要做一行、爱一行、专一行，有意义的事情自然而然都会找上来。比如，温州乔顿找我一起起草浙江制造品字标"男毛呢大衣"团体标准，目前该项目已经通过；浙江纺织服装职业技术学院职业技能鉴定中心受雅戈尔集团委托找我和多位专家、教授一起起草浙江省企业技能人才自主评价"服装缝纫工""服装裁剪工""缝纫品整型工"的三个试点标准和题库建设，目前标准起草完毕，题库正在建设中；省人社厅委托我工作室协办首届浙江技能大赛"时装技术"赛事，并已圆满完成任务；等等。目前，我和工作室另一位成员一起在编著"十四五"规划教材《男西服版型设计与纸样》。我想把自己的所学以文字、图片的形式记录下来并传授给喜欢这个题材的学生和同行，同时通过写作对自己的经验进行梳理、整合，找出不足之处与同行探讨，使问题得到解决，使自己的技能技艺更上一层楼。我始终坚持做一行、爱一行、专一行，做到择一事、终一生，把这件衣服做得更好，做到世界一流的水平，这是匠心，也是我们宁波的红帮精神。

站在未来看现在

陈子杰，男，清华大学高级经济管理 EMBA，智美科技有限公司创始人 /CEO，中国美发美容协会副会长，中国连锁经营协会特许经营分会执行委员，中国电子商务专家服务中心行业专家，全球潮人创新经济促进会（潮创会）联合创始人 / 副主席。

这个话题，我曾经在我自己妹妹读大一的时候跟她分享过经验。我们在学校的这 3 年当中，我们究竟要学些什么？要朝哪个方向？为什么站在未来看现在？假设我们现在走入社会了，面临择业，我们在应聘的时候要做什么呢？大家可以上智联招聘、BOSS 直聘等招聘网上去看一下，这些企业在招什么人，比如说招化妆师，它在招什么样的化妆师？它对化妆师所提的要求是什么？肯定每个岗位都有招聘的要求，可能列了 5 条或 10 条，你要去想一想这 5 条或 10 条现在都会吗？如果你不会，这几年你在学校中就应该去学习这些方面的内容。

一、现状、方法和目标

给大家讲一个点，比如说有 A 和 B，A 是你的现状，B 是目标。我们日常在做的事情是什么？先要确定好目标，看准现状，再找方法。在缩短现状和目标之间的差距方面，谁用的时间越短，谁就越快能成功。可以去看一下我们前几届的师兄师姐在毕业之后都在干什么，他们目前所从事的职业的状态是不是你想要的。如果是你想要的，看看他们每一天都在做什么，他们的当下就是你的未来。你要站在未来看现在，明确我今天应该做什么，应该把时间花在什么地方。我简单跟大家讲一下，目标管理体系的原则。第一层是愿景目标，第二层是表现目标，第三层是行动目标。你要分解你的行动，清楚自己在学校中每一天要做什么。目标表现必须是具体的、可量度的、数据化的、可接受的，还要有成果导向，有时间限制。另外，面对大量碎片知识，我们必须有批判性的思维，吸收与我们确立的未来目标有关联的知识，进行知识点的构建，形成知识管理。

接下来跟大家分享一张图片，这是前年刊登在美国《时代周刊》封面的一张图片。看到这张图片的时候，我非常感触，好像看到了未来。其实，时代的变化和演变非常快速，一不小心我们就会成为被施舍的人，会被时代所抛弃。作为学生，你们在出了校园之后能做什么呢？在学校的时候必须做什么呢？我觉得除了在学校学好专业知识和技能外，还必须去思考。我认为凡我赶不上的，我就在未来等它。很多人都说我们在追赶未来，你赶不上就永远赶不上，所以当时我说既然那么难追赶，我能不能弯道超车，能不能先到未来去等它到来？我告诉大家怎么做，其实设立一个可量化的、具体的、能够做到的目标即可。

二、2020 年一切都在重建

今年之后整个社会都在提数字化，我相信大家也都很有感触，所有人生活当中都离不开手机。企业的数字化是未来社会的一个核心，至少在 3 ~ 5 年是一个大的趋势。在这个大的趋势下，美容美妆行业也势必数字化。在座的各位，我觉得有必要去思考，当你们毕业的时候，你们会数字化吗？一个数字化的企业，你们进去之后能干什么？这就要站在未来看现在。2 ~ 3 年后，化妆品企业、美容企业，服装企业会变成什么样子？绝对不是你们今天所想象的样子。所以，我认为企业的数字化绝对不是传统业务加上数字化技术，而是要全部重构。未来一定是基于场景的重塑、流程和整个利益链、价值链的重构，而背后就是整个组织架构和企业文化的重构。这里面最核心的一个点就是人才队伍的重构。人才队伍的重构对我们在座的各位同学来讲，是一个机会，也是一个很大的挑战。过去面临的可能只是一项传统业务、一家传统型企业，而现在你要面对是一家传统企业要迭代成为数字化型的企业，对你提出来的要求会高很多。在这么短的时间内，学校不可能改变整体的教学大纲，这就要看在座的谁有这个本事。而服务需要人，服务离不开人。人源头在学校，所以资本是独立的，资本知道未来的流量入口在哪。人才的流量入口在学校。学校通过几年的专业教学和培养，帮助学生掌握相关专业的基础素养和基础的职业技能。而学生毕业走上社会后，他所学到的技能其实就是和客户之间的链接点，这就是流量入口、赚钱的工具，但是未来一定不是只靠这个去赚钱。这是我今天给大家分享的一个逻辑。之所以当今很多人都在埋怨生意越来越难做了，特别是今年，是因为做生意的逻辑彻底改变了。而这个逻辑的改变其实给我们在座的各位同学提供了一个很好的机会，我们如果能够掌握好未来的发展逻辑，把握好发展的机会，就能够走向未来，链接未来。

三、新格局、新市场、新用户

中国和印度出生人口的一个结构数据可以告诉大家，我们现在面临的是一个全新的格局、全新的市场和全新的用户。中国改革开放以来一路高歌猛进，其实靠的是人口红利。未来，人口数量的减少会带来两个核心的问题：一是中国整个市场的状态供大于求了，生产供应端供大于求了，市场消费群体萎缩了，市场上买东西的人也少了。二是劳动者减少，所以国家提出数字化。这是国家导向，未来必须靠人工智能和数字化来服务，否则支撑不了实体经济的发展。任何国家和社会的发展都离不开两点：一是人口红利；二是信息不对称。浙江商帮和潮汕商帮是中国两个知名的商帮，这两个商帮都靠海，大部分企业是靠信息不对称来赚钱，即通过信息差赚钱。信息对称之后会导致竞争更激烈。

四、消费互联网背后的逻辑是“流量变现”

未来的化妆师和形象设计师，你们了解你们的客户吗？未来的化妆师和形象设计师，你们了解你们的客户吗？我们是大数据时代，一个人身上可以有大概 1200 多个数字化的标签。所以，我们要非常了解用数据去驱动。未来企业的竞争是什么？过去是以企业为中心，我们有产品，我们有渠道，然后扔出去就有人要，而未来不是。未来一定是以消费者为中心，我们要知道我们要服务谁？这些人需要什么？我们要提供什么产品去满足他们？那么，未来十年最大的变量和决定因素是什么？是市场的消费者，是人，而不是某一个产品。所以，我们说，消费互联网背后的一个逻辑是流量的变现。过去这些年大家一直在热闹地吵着，其实这就是消费互联网，它背后的一个逻辑是流量变现。比如说淘宝、天猫，我有了这些流量如何去做变现？未来的十年到二十年是产业互联网，而产业互联网的一个关键词是什么？是场景数字化。产业互联网里面，所有的场景都会被数字化。数字化之后，我们这些人干什么？我们能干什么？所以我们说没有成功的企业，只有时代的企业，随着时代不断变化，企业也在不断调整。企业的调整是为了符合这个时代。那么，这需要什么？企业必须有一起能够走向未来的员工。在座的各位有可能就是未来这些能够陪伴这些企业走向未来的人，也有可能你自己去创立一个全新的企业，成为带领企业走向未来的人。

五、产业互联网的关键是“场景数字化”

做服装带货的主播就是面对手机，每天做服装搭配，给你们介绍服装，并现场试穿。在她面前就摆了几百部手机，每一台手机背后少则几十、几百个消费者，多则几千，甚至几十万的粉丝，所有的人都在通过不同的窗口在看她做服装搭配。从过去的文字图片到一些短视频，再到直播，越来越直观。在座的各位未来有可能就是这个领域的某一个网红。现在直播的基础设施这么发达，任何一个人都能做直播。但是为什么还需要网红？其实做一个网红不是说他只要能说会道、他只要长得漂亮，他的背后一定是数字化在支撑，一定是数据。比如现在所有的服装、所有的化妆品同质化是很严重，我们如何去赋予它新的定义，这就是对一个主播、一个带货的人的能力的考验。不是说我只要会推就好，你会推那我给你货，你去推推看。还需要一个庞大的数字化选品团队。数字化选品团队是什么？就是说他要根据全网的数据去捕捉我下一个月、下一个季度什么服装、品牌、产品是热销的。这些东西是根据全网数据的分析得出的。可见，带货主播的背后往往有一个大数据和时尚的选品团队。选品团队背后还有什么？背后还有一个强大的供应链团队。你看到的只是一个人，但是背后一定是一个庞大的团队。我可以告诉大家，这是未来的一个发展趋势。网红主播产业体系里面，所有的品牌体系里面，都需要大量的背后的人。数字化时代，每一个单品、每一个产品、所有的数据，包括行为数据、传播路径等，全部可以溯源。未来，大家现在都在提的新零售、智慧门店这些落地最大的瓶颈其实不是技术，不是数字化技术，它一定是场景的重塑和流程的再造，而本质就是老板、员工的思维和组织架构与企业文化的升级，这是最关键、最核心的，而不是技术，技术我们可以赋能。

我给大家讲了这么多，其实是给大家两个提示，不管未来大家出去有无可能有创业的机会，在互联网时代，我觉得都要比我们当时创业要难，但是又容易。今天来到浙江纺织服装职业技术学院，虽然我们不是211、985的高校，但是我们其实有专业技能，很多同学的形象很好，也很有自信，这就特别有优势，是比别人要有机会的。但这个机会绝对不会是天上掉下的，在于我们在座的各位如何去捕捉。所以，我告诉大家知识不嫌多，未来所有的行业，不管是美容形象设计、化妆品、美甲美睫、形象设计，还是服装设计、服装造型，都离不开数字化，离开数字化就会被淘汰，也有一些新的企业会出来。不管是老企业去迭代转型，还是新企业起来，都需要重构数字化团队和数字化人才。你不用特别专业，但至少你要懂，比如说我跟你聊化妆品直播，除了化妆品，你还能跟我聊选品、聊供应链，那么同样是应届毕业生，我肯定选你，不选他。

我刚才最前面给大家讲的一个点，就是A到B，B是我们要去的地方，

A 是我们的现状，在座的同学目前其实都是一样的，但是谁能够尽快把 A 和 B 之间的差距缩短，谁就能领跑。大家在统一的起跑线上，我觉得大家的机会都是对等的。

大家要站在未来看现在，一定不要站在现在看过去，或者站在过去看未来。说句实话，我们做生意一定是赚未来的钱，一定不是赚过去的钱。我们今天所读的书是为了什么？是为了明天能够出去怎么样？赚钱，要出去工作，那么我们一定要跳到未来去看，看到未来的社会、未来的行业、未来的企业、未来的岗位是什么样子的，会对我们提出什么样的要求。

最后希望大家都能够站在未来看现在，建立自己的目标管理体系。我们要有愿景，要有梦想，但是不能光有梦想和愿景。对于这些愿景，我们要细化成目标，要细化成我们每天的表现目标和行动目标，让它变成可触摸、可实现、可执行，而且要有时间限制。我相信大家都能够通过这样一个过程既看得到未来的趋势，又通过每天的一个目标分解，每天离我们未来的目标和愿景更靠近一步。我希望大家都能够拥有一个美好的未来，我相信在座的各位未来都会是我们行业里面非常优秀的人才。

以“工匠精神”塑造职业人生

刘艳，女，宁波市镇海区职业教育中心学校实训处教师，化学检验工技师，化工总控工技师，全国优秀指导教师，宁波市首批“港城工匠”，浙江省首批“浙江工匠”，宁波市劳模工匠创新工作室——浙江纺织服装职业技术学院纺织学院刘艳工匠创新工作室领办人，宁波市劳模工匠技术服务队“最美队员”，宁波市拔尖人才。

非常荣幸能够来到线上红帮大讲堂，在此特别感谢学校领导给我这么宝贵的机会。接下来，我们一起来探讨一下如何在学习和工作中践行工匠精神。

关于这个工匠，大家可能不是很了解。大家可能会认为这个工匠就是说专门做手艺的人。其实，现在工匠精神讲特别多。我先从职业讲起，老师、医生、警察、演员等职业。按照大类来分，可分得更细，比如说环保化工、化工专业里面有化学检验工、化工总控工、水处理工、纺织工、印染工等。机械行业里面有数控车工、数控铣工等。每个职业都会有一个往上发展的空间。我们去工作，不是光简单去做，肯定要把这个工作做好。那么，怎么评价我是否把这个工作做好了或者我的工作能力呢？各行各业都有自己的评定标准。比如，教师行业里面，有二级教师、一级教师、高级教师、正高级教师；大学里面有讲师、副教授、教授；医生有医师、副主任医师、主任医师之分。如果是技能方面的，就会有各种技能等级。

比如说，我是化学检验工，先是高级工，再去考高级技师，这样一步一步考上去，每到一个阶层，工作能力也不一样，享受的待遇也不一样了。我给大家介绍一下宁波市人才分类，分为五类，第一类是顶尖人才，这是最高级别，包括获得诺贝尔奖的人才、中国工程院院士，这个是望尘莫及的。第二类是特优人才，特优人才也是国家级的。第三类是领军人才，包括全国技术能手，参加国家级的技能大赛获得第一名就能享受这个荣誉，这个我觉得大家通过努力有希望可以达到。第四类是拔尖人才，它是宁波市级的，包括省级技术能手、优秀高技能人才、省首席技师。在省级的技能大赛当中拿到前三名，就能够获得省级技术能手的称号。今年宁波市有两个省级技能大赛，一个是数控车工，另一个是数控铣工，只要获得省级技术能手的称号，就马上被归类为拔尖人才。宁波市总工会中有浙江工匠就被归入拔尖人才这一档。工匠其实现在泛指的是一种荣誉，各行各业里面比较优秀的那些人可以获取这个荣誉，然后被归类到拔尖人才。省特级教师也属于拔尖人才。第五类是高级人才，我觉得高级人才是你们毕业以后首要的目标。你们毕业以后走上工作岗位，先要把自己培养成一个高级人才。宁波市总工会评比的技术能手、港城工匠、宁波市首席工人，工作年限一般要求 10 年以上。宁波市技术能手和宁波市首席工人就可以通过比赛获得。一旦获评，你就是高级人才了。

只要努力，你一定可以成为人才。我相信今天在听我讲课的同学们只要通过努力都能够达到我的水平，能够超越我，成为领军人才甚至更高级别的人才。

接下来分六部分同大学进行交流。

第一，中国制造业的现状。大家可能会认为现在我们国家非常强大，甚至认为我们国家已经可以超过美国了。其实我国的制造业和美国、德国等西方先进国家相比，是大而不强的。我国还需要再努力才能够和这些国家相抗衡。发展制造业，就要培养更多的技能人才，就要弘扬工匠精神。习近平总书记在党十九大报告中提到，建设知识型、技能型、创新型的劳动者大军，弘扬劳模精神和工匠精神，营造劳动光荣社会风尚和精益求精的敬业风气。2016 年，李克强总理鼓励企业开展个性化定制、柔性化生产，培育精益求精的工匠精神，增品种、提品质、创品牌。宁波市首届港城工匠也是在 2016 年开始评的，我就是那一年评上的。2017 年开始评浙江工匠。2017 年 9 月 9 日，李克强总理考察了天津职业技术师范大学。这所职业大学也为我们学校培养出一个非常杰出的技能人才，他叫王超军。他在我们镇海区大名鼎鼎，在宁波市也小有名气。2014 年，他在我们学校老师的指导下，去参加了一个全国职业技能大赛，获得了数控车工项目的一等奖。

他对自己要求非常严格，而且能吃苦。他边工作边学习，现在已经考取了技师、高级技师，今年刚刚评上工程师，被评为雄镇工匠、港城工匠、宁波市优秀高技能人才，获得了宁波市“五一劳动奖章”，再过 3 年就能够评高级工程师了。其实，他和我是同一个人才档次的。他的指导老师是天津职业技术师范大学毕业的，现在是我们学校的正高级特级教师，属于拔尖人才。他和他的老师属于同一个人才级别。我觉得只要他继续努力，保持初心走下去，他能成为浙江工匠乃至大国工匠。

工匠精神是一种职业精神，是职业道德、职业能力、职业品质的体现，是从业者的一种职业价值取向和行为表现。它的基本内涵包括敬业精益、专注创新等。其实，工匠精神是一种执着、一份坚守、一份责任、一种境界、一种匠心，匠心无界业无界。《庄子》里面刻画了众多栩栩如生的工匠劳作形象，庖丁解牛、卖油翁，这些都是技艺炉火纯青的表现，其实那就是我们工匠精神的始祖。有部纪录片叫《百年巨匠》，拍摄了 12 位画坛的巨匠，如徐悲鸿、潘天寿、刘海粟等。工匠精神，我觉得应该理解为干一行爱一行，干一行专一行。我的理解是，第一热爱你所做的胜过爱这些事带给你的钱财。那些画家刚开始画画的时候肯定是赚不到钱的，他的画是不值钱的，等到后面他成名了，画才值钱。而且有些甚至是等他百年之后，他的画才价值连城。如果说你为了追求钱去画画，那么你肯定不可能成功。画家热爱画画，所以才能够把画画好。他们一生往往只画某些东西，像徐悲鸿就是画马，齐白石就是画虾。第二是精益求精，精雕细琢，才能够成为一代巨匠。很多人认为工匠是机械重复的工作者。其实，工匠有着更深远的意义，代表着一个时代的气质，坚定、踏实、精益求精。工匠不一定都能成为企业家，但大多数企业家身上都有这种工匠精神。其实应该这么说，各行各业的成功人士身上都有工匠精神，只不过表现形式不一样。比如，C 罗 30 多岁了，却拥有 23 岁的身体。他每天健身是疯狂模式的，一般人是做不到的，他就是足球界的工匠。还有科比是篮球界的工匠，他每天训练的时间是非常多的，是二十年如一日这样训练下来的。朗朗当初练琴的时候想死的念头都有，但他坚持下来了，成了著名的钢琴家。华为是工匠文化的代表企业，华为的宣传就是我们的人生痛并快乐着，光鲜的背后都是痛苦的，质量文化是华为的核心和企业文化。任正非要求员工学习日本的工匠精神，一生只做一件事，红遍朋友圈。所以，华为能够成为这么牛的企业是有道理的。工匠精神内涵是专、严、精。

工匠精神的基本要求是，少一些浮动，多一些纯粹，少一些投机取巧，少一些急功近利。还有就是有十年如一日，反复磨练方成器的信仰。工匠精神的体现之一就是用笨功夫练就真本事。京剧大师梅兰芳自创五十三式兰花指。大家都知道，台上一分钟，台下十年功。这个世界聪明人太多，肯下笨功夫的人太少。所以，成功只属于少数人。明确的目标、坚定的信念也是工匠精神的体现。明代著名女医谭允贤凭借对医学的痴迷、热爱，克服重重困难，开创并建立了女医制度。在古代，一个女性要开创女医制度，称为一代女医，那是非常困难的。谭允贤咬定目标不放，把事做到了极致。

还有就是要耐得住寂寞，禁得起诱惑。过一段潜水艇式的生活，梦想还是要有的，万一实现了呢，对吧？那么，为什么我们经常会高不成低不就呢？就是耐不住寂寞，经不起诱惑，做什么事情都坚持不下去，所以什么事情都做不好。

金蝉法则，夏日的蝉要先在暗无天日的地下蛰伏3年。美国有一种蝉更是需要在地下生活17年之久，然后在某个悄无声息的夏夜破土而出爬上树梢，一夜之间蜕变为蝉，这个就是金蝉法则，就是告诉我们世上所有的横空出世都不过是厚积薄发。每一个人光鲜亮丽的背后必定有一段不为人知的艰辛。想成蝶，必先破茧。熬得住，出众；熬不住，出局，

在学习当中体现工匠精神。我们来看看一位清华学霸的每日计划表。他的计划表就是清华校史馆馆藏的清华大学优良学风档案史料。他每天学习安排是凌晨1点睡觉，清晨6点起床，6点40分开始学习。有同学说了，他肯定是晚上在玩游戏熬夜。他每天除了完成固定课程外，还有每周两次讲座、两门外语学习，以及固定的办公时间，根本没有时间玩手机。晚上9点到凌晨1点这段时间全部都安排得满满当当。这个学霸每顿饭只吃两个馒头，一度被同学们开过玩笑。后来，他凭借勤奋连拿四年的一等奖学金，年级排名前三，还没有毕业就被作为特殊人才提前聘用，成为后备干部。网友看完瑟瑟发抖，在清华高手如云，各个都是拔尖人才，他却能脱颖而出。他靠的是什么？不是过人的天分，也不是深厚的背景，就是简简单单的两个字：自律。很多时候不是优秀才自律，而是你自律才变得更优秀。这个就是应了那句话：比你优秀的人还那么努力。其实，自律就是一种工匠精神。有些同学又说人家是学霸。当一个人自律到极致的时候，即便你起点不高，即便你受尽嘲讽，全世界依旧会为你让路。三分天注定七分靠打拼，唯有自律的人才能掌控自己的人生。

龙应台曾经对他儿子说，我要求你用功读书，不仅仅是因为我要你跟别人比成绩，而是我希望你将来拥有选择的权利，选择有意义、有时间的工作，而不是被迫谋生。我们努力学习不是为了考试，而是为了让人生拥有更多的选择权，选择想要的生活。当学习能够给你带来成就感和尊严的时候，你就能感到快乐。以后工作也是这样的，你的工作在你心中有意义，你就有成就感，你就能感受到快乐。我们在学习当中应该好好发扬工匠精神。其实，我觉得只要努力学习，不管你刚开始的成绩如何，最终都会提升的。其实，我们人生当中很多事情也是如此。做任何一件事情都不能仅凭兴趣，而是要靠专业、信念与坚持。这就是工匠精神。人生就是要努力的，人生就是要奋斗的。

接下来再看看企业如何弘扬工匠精神，也就是说如何在工作当中践行

工匠精神。那就是做事先做人，人品比技术重要。人品、态度、能力中，人品是第一位，态度是第二位，能力是第三位。日本的稻盛和夫说工作造就人格，通过工作其实可以提升自己的能力，完善自己的人格。那么，如何理解工作呢？如果你把工作理解成谋生手段，就会觉得很痛苦。把工作当作一种体验，就会很快乐。其实，学习也一样，你如果认为学习是为老师、为父母学习，自己是被逼无奈学习，就会很痛苦；如果认为学习是为我自己学习，为我以后的人生奋斗，你就会觉得很快乐。

如何理解工作可以让人拥有一个快乐、充实的人生。那就是从事自己喜欢的工作，让自己喜欢上工作。我觉得学习也是一样的，比如说选择自己喜欢的专业，如果没办法选择自己喜欢的专业，那么只能让自己喜欢上自己的专业。

企业弘扬工匠精神就是培养更多的人才，帮企业解决一些生产中出现的问题。申请国家专利是弘扬工匠精神的一个具体表现。还有我们要很好地利用技能人才政策，以培养更多的技能人才。在这方面企业是非常支持的。像我们每次举办比赛，那些大型企业都会派很多职工来参加。这些职工通过比赛锻炼自己，职业能力得到了提升，之后也能够更好为企业做贡献。

讲到这里，我估计有些同学会说我以后不从事这方面的工作，现在自媒体这么发达，我喜欢自由自在的，我以后可以做个主播，卖卖货，既轻松又自由。但是我要问你了，你真能做到像网红那么厉害吗？这个世界上没有轻松又高薪的工作。你们要明白一个道理，就是专业能力是这个时代上升最快的敲门砖。极致专业能拉开你和别人的差距。各行各业都是如此，你们不要认为他人成功是因为有运气、有颜值、有机遇，这个世上没有人可以随随便便成功。所以，网红也并不是那么好做的。所有的一路走来，光鲜背后不是鲜花，而是这个荆棘路。如果一个人没有任何的追求，不需要努力，每天打游戏，逛商场，过得浑浑噩噩的，你觉得这样的人生有意义吗？

满足口腹之欲，这只是低级的需求，他不需要付出太多的牺牲。但是自我放纵就会在低级的欲望里面越陷越深。

心理学家马斯洛将人的需求分为 5 个层次，其中生理需求是最低层次的需求，自我实现是最高层次的，越高级的需求就越需要专注，需要屏蔽各种各样的诱惑，做出常人难以想象的牺牲。比尔·盖茨很有钱，但他照样很努力。因为他有更高大的目标，他的肩上有使命感。而且很多自由与轻松是虚无缥缈的，真正牢固的是努力过后手中实实在在的东西，这是你生活的底气。

不要总是说拼命很累，闲时其实更累。是不是这样，玩手机很有趣，但是越玩越累，越玩越无聊，反而还不如我好好学些东西，学完以后就很充实了。也不要担心自己过劳死，大部分人其实都是闲死的。不吃学习的苦就吃工作的苦，不吃工作的苦就吃生活的苦，说到底怎么活取决于自己。

身边的人看似有人走在你前面，成功的比你早，也看似有人走在你后面，但是没有关系的，不必仰望别人，你自己就是风景，你走好自己的路就可以了。而且每个人都有可能选错目标，但优秀的人拥有学习的能力，在生活中一直在优化自己的成长路径。

不要去追随别人的脚步，这只会迷失了自己。人生没有太晚的开始，只要你从现在开始，比如说好好学习，好好工作，重新规划人生目标，我觉得都来得及。就像电影《无问西东》里面所说的："爱你所爱，行你所行，只问初心，只问敢勇，无问西东。"星光不问赶路人，时光不负有心人，一切都是刚刚好的，要相信自己，无奋斗不青春。

在商帮文化中感受侠义精神

曹云，商帮文化研究专家，甬商公共服务平台主任，宁波市甬商发展研究会秘书长，《甬商》杂志总编，被聘为宁波大学、浙江万里学院、宁波工程学院、宁波财经学院等高校的硕士生导师和兼职教授，担任浙江省政协委员、宁波市人大代表、宁波博物馆理事、宁波市社科联常务理事、全国职业经理人协会联席会议副主席等社会职务。

很高兴来到美丽的浙江纺织服装职业技术学院，和大家一起交流。今天，我是以商帮文化传承人和研究者的身份到这里向大家介绍甬商文化的一些情况。今年，商帮文化是个热点，因为前天刚召开了“纪念改革开放四十周年大会”，很多学校有组织观看电视直播，同学们应该知道。改革开放四十年以来，中国的经济社会发展发生了翻天覆地的变化，我经历了改革开放全过程，感受最深。在这四十年的变迁中，甬商或者说我们的企业家起到了相当重要的作用，我们不应该忘却这些人。所以，今天我演讲的主题叫“甬商与侠义精神”。

讲到商帮可能很多人不了解，我从我仰慕的一个人开始讲起。侠义大家都知道。很多同学们喜欢看小说，尤其是跟侠义相关的武侠小说，前不久一位大师刚刚去世，大家知道吗？他就是金庸先生，我这个年纪是看着他的书长大的，他是浙江人，他的家乡在宁波的对岸，杭州湾北岸的海宁。海宁还有一个名人叫徐志摩。金庸先生原名不姓金，姓查，叫查良镛，他写了 15 部小说。我们三四十岁这代人都是看着他的书长大的。我在大学里读书的时候，除踢足球、打篮球以外，最愉悦的事情就是看他的书。他的书给我以一种正能量，他写了很多大侠，他们身上都有一种侠义的精神。讲到金庸的作品，最为人熟知的是 1983 年版的《射雕英雄传》，里面有很多的人物，如一灯大师、洪七公、王重阳、郭靖等，他们身上或多或少都有侠义精神。我发现，我们商界的人物和这些武林高手都可以对上号，下面我们来看看当今中国商界有没有金庸小说中讲到的人物。

我发现有个人和小说中的欧阳锋很像，他就是马化腾。我们日常使用的微信就是他的公司开发的，他的武功修炼与欧阳锋有共同之处。李嘉诚有点像未出家前的一灯大师，是大家公认的南方商业的第一把手。宗庆后和洪七公比较像，他通过多年的努力建立了一个商业帝国，娃哈哈矿泉水、八宝粥就是他公司的产品，其经销商遍布全世界。王重阳的武功也很高，在小说中他已经去世了，任正非和他很像。任正非是华为技术有限公司董事长、CEO，很多人都在用他公司所生产的手机。最近他遇到些麻烦，但是我们的祖国和人民一直在支持他。顺丰快递老板王卫就像是小说中的郭靖，是非常憨厚的一个人。所以，我们可以看到，武林是个江湖，商界也一样是个江湖，同样有很多大侠。武侠和商帮都有三个共同的要素：情、义、侠。近期有公司发告示，购买华为手机者，公司会进行补贴，这其实体现了众多企业支持任正非。任正非代表了中国民营企业的气质和精神，这就是一种侠义。

金庸先生曾说过“侠之大者，为国为民”。我把它转化了一下，“商之大者，利国利民”。很多商人到了一定阶段就是为国为民的。华为手机在国内卖的价格要比外国便宜，苹果手机在中国市场上卖的价格是世界上最贵的。许多甬商企业家就像金庸笔下的武林高手，他们有情有义，守信用，有契约精神，是民族的脊梁。商界大侠邵逸夫活了107岁，是东南亚的影视大王，他把自己大部分的财富都捐给了社会，至2012年捐赠金额近47.5亿港元，建设各类教育项目6013个。

中国近代有十大商帮，即晋商、徽商、陕商、江右商帮、粤商、闽商、宁波商帮、洞庭商帮、鲁商、龙游商帮。商界是不是一个武林呢？晋商在历史上是船帮、驼帮、票帮，它的商界地位类似于少林派；徽商历史上是盐帮，类似于武当派；甬商做贸易、航运、金融，类似昆仑派；粤商是做外贸的，类似华山派；陕商是盐帮，类似青城派；洞庭商帮是丝绸帮，类似峨嵋派；鲁商闯关东，类似泰山派；龙游商帮是做古董和旧书生意的，类似石梁派等等。改革开放前，没有浙商的概念，这一概念后来才提出来的。电视剧《鸡毛飞上天》讲的就是东阳义乌商人的故事。近四十年浙商的武林地位特别高，其“四千万精神”与丐帮非常相像：历经千辛万苦，说尽千言万语，走遍千山万水，想尽千方百计。

以甬商历史人物为原型的电视剧《向东是大海》值得同学们好好去看一看，其中讲的就是宁波商帮的故事。甬商中有很多大侠般的人物。叶澄衷是中国最早创办火柴公司的，并且将大量资金投入了教育，建了江南第一学堂。他赚了钱最先想到的是捐资建校，让乡里人免费读书，是宁波商帮的杰出代表。吴锦堂是慈溪人，他的厉害之处是赚外国人的钱。他孤身一人到日本的神户，创建了一家公司，后来在日本大阪建立了自己的大本营，赚钱之后，在当时宁波地区建立了第一家现代师范学堂，为家乡培养人才。虞洽卿是慈溪三北人，著名爱国人士，宁波帮在上海的代表，他曾是上海总商会的会长。项松茂是鄞县人，是国产香皂厂的老板，抗日战争时期他的两个员工因抗日被日本兵抓去了，他到司令部去要人，用自己替换2位员工，结果被日本人枪杀了，是位真正的爱国者。胡西园是中国灯泡之父，董浩云是香港首任特首董建华的父亲，当时是四大船王之一。还有邵逸夫、包玉刚等。

甬商传承300年，可以分为六代：第一代是在明代末期到清代中期，留存到现在的总部在北京的同仁堂，已有三四百年的历史，创始人就是甬商；

第二代是在鸦片战争到辛亥革命前后，中国民族工业兴起，宁波人从事买办、金融，如上海滩的50多个第一都是宁波人创办的：第一家民族银行、第一家火柴厂、第一家肥皂厂等；第三代是在辛亥革命到抗战胜利，代表人有虞洽卿等，宁波商帮在当时可以说把持了中国金融业和航运业的半壁江山；第四代是中华人民共和国成立到20世纪80年代，甬商来到了港澳台等地区，涌现出了包玉刚、邵逸夫等代表，主要从事航运业、影视业、纺织业等；第五代是在改革开放以后，以郑永刚、李如成等为代表的新一代白手起家的创业者；第六代是二十一世纪以来，以丁磊、江南春、沈国军等为代表。

甬商为什么能传承？甬商的人文特质可以概括为“N、B、R、W”4个英文字母，其中N是黏韧，B是搏争，R是仁厚，W是务实。甬商精神包括海纳百川、兼容并包的文化心态，奋发进取、勇于创新的开拓精神，克勤克俭、脚踏实地的创业精神，以德兴业、诚信为本的商业道德，注重团体、强调联合的互助合作精神。甬商受到了儒家文化尤其是浙东学派的影响，善于抓住历史机遇，有强烈的共同竞争意识、先进的经营方法和管理理念。

中国传统文化对商帮有一定的影响，浙东文化对甬商的影响可以说是太大了，不仅影响宁波商帮，还影响到龙游商帮、洞庭商帮等。徽派文化影响了徽商和江右商帮。儒家文化则影响了更多的商帮。

王阳明是我心中的另一位大侠，同学们要读读他写的书，到他的家乡看看。他的家乡是宁波余姚，余姚市中心的龙泉山上还有他讲学的地方。他提出来了“致良知，知行合一”的思想。宁波的企业家想的和做的都是一致的，从实践中获取经验，又把经验运用到实践中。王阳明说：“四民异业而同道。”古代说士农工商，其中商的地位是最低的。现在则不一样，商人得到了重视，这与王阳明的思想有重大的关系。不同的群体行业不一样，但道是相通的，没有高低贵贱之分。正是在这种思想的影响下，宁波人重视经商，并善于创业。王阳明还说，工商业者以其匠心做好本业同样可以成为圣贤。以前的圣贤是孔子、孟子、庄子、老子等读书人，现在像邵逸夫、任正非这样的企业家都是我们这个社会的圣贤，是我们学习的榜样。“经世致用，工商皆本”，工商业是国家之本，是不可或缺的。现在很多大学都有商学院，有工商管理专业，而且学生人数多。

习近平总书记对阳明思想也非常重视，希望大家多学一点他的思想。甬商企业家的精神一是入世情怀，积极的心态，有一种激情；二是慈善情怀；

三是侠义之气；四是家国情怀，有家的情怀，更有国的情怀。宁波有家企业叫海天塑机集团有限公司，老板叫张静章，是我非常敬佩的一位企业家。他是做塑机的，在看到中国的精密数控水平太落后，没有高质量的机床后，通过四五年的努力和投入最终造出了世界一流的机器。

宁波这座城市发展得这么好，历年来一直都被评为中国最具幸福感城市，这当中离不开甬商企业家辛勤的工作，我们在心里应该对企业家有一种感恩之心，因为是他们创造了财富。我也希望新一代的大学生中能涌现新一代的企业家，至少能从企业家身上学到他们创业的宝贵精神，这有利于大学生的成长。希望在今后的人生旅途中有一股侠义精神伴随着大家。

最后，感谢大家来聆听我的甬商与侠义精神。

奋力建设文化强国

胡坚，男，曾任浙江省委宣传部常务副部长，现任浙江省人民政府参事、咨询委员会委员，浙江省政协智库专家，浙江省中国特色社会主义理论体系研究中心顾问，浙江大学、中国美术学院、浙江省委党校特聘教授，出版了《思想的力量》《语言的力量》《文化的力量》等十多部著作。

很高兴到浙江纺织服装职业技术学院来跟大家共同学习党的十九届五中全会精神。我的演讲标题是《奋力建设文化强国》。文化是新时代的一个主题，习总书记在浙江工作的时候就特别重视文化。总书记从2002年10月到2007年3月，在浙江工作了1624天。习总书记在浙江工作期间对文化工作非常非常重视，我通过梳理他在浙江工作期间的文化思想，对他在文化建设方面的思想理念有了更深的理解。

一、文化是新时代的一个主题

文化是世界发展的灵魂。联合国教科文组织提出：发展最终应以文化概念来定义，文化的繁荣是发展的终极目标。世界发展有两大趋势，即在人们的物质生活越来越趋同，而文化上的差别却越来越明显。文化是民族、国家、社会的一种能量。当前，中国文化建设进入了一个新时代。党的十九届五中全会对文化建设高度重视，从战略和全局做了一个全新的规划与设计，提出到2035年要建成文化强国，首次明确了建成文化强国的具体时间表。

文化是人类社会历史发展过程中所创造的物质财富和精神财富的总和。文化一定是跟人有关的。文化的基本内涵实际上是六大形态的文化，这也是宣传部门、文化部门要做的六件事情。第一是观念形态的文化，即思想观念。第二是知识形态的文化，包括自然科学知识、社会科学知识。第三是艺术形态的文化，包括诗歌、散文、小说、戏曲、舞蹈、音乐、美术。第四是制度形态文化。第五是产业形态的文化，即文化产业。第六是民俗形态的文化。我们的传统节日和24节气等。文化的主要功能一是以文化人形成精神力量，即文化事业。二是以文化物产生经济，即文化产业。

我们要用文化的眼光来看世界。因为用文化的眼光来看世界，你会看到一个完全不一样的世界。如果你用文化的眼光看学校，你会看到一个完全不一样的学校。我们现在的医院比较缺乏文化气息，比如说建筑的形态和颜色，大多是灰色和白色的。众所周知，暖色调容易给人一种温馨感、安全感、亲近感，冷色调则会使人产生一种距离感、恐惧感。所以要用文化的眼光来打造有温度的医院。

二、深刻认识新冠疫情对世界文化发展的影响

当前，抗击疫情成为人类“对病毒的世界大战”，它对世界的影响不

亚于一场世界大战。就针对这次疫情，我们需要好好反思许多文化问题。历史上，较大规模的疫情对人类世界的发展一般会产生重大影响。例如，1347—1353 年在欧洲爆发的黑死病，六年间死了 2500 万人，夺走了当时欧洲将近 1/3 的人口的生命。宗教的衰落与劳动力的短缺推动了欧洲的整个科技进步和之后的文艺复兴。这次的新冠疫情给我们带来 8 个思想理念上的变化：第一，人类是一个命运共同体，这是人类需要认知的世界观。总书记提出的人类命运共同体，通过这次疫情使更多的国家和领导人充分认识到了这句话的正确性。新冠疫情充分证明了人类命运共同体这一理念的正确性。第二，人类需要民主和自由，也需要协助与自律，这是人类需要认知的自我观。武汉封城时我们是万众一心，但很多国家不允许封城，认为这是破坏人权、破坏自由、破坏民主，所以导致该国家的新冠疫情逐渐蔓延，最后根本无法应对。第三，要坚持以人为本，坚持以人民为中心的发展理念，这是人类需要认知的人民观。总书记在经济工作会议上提到，中国所有政策的基础都是以人为本，人民至上。第四，"我们"的文化能够战胜疫情，"我"的文化在疫情前面根本无法应对，这是人类需要认知的文化观。中华文化强调集体主义。一方有难，八方支援；天下兴亡，匹夫有责。第五，人类需要思考中华文化天人合一的理念，这是人类需要认知的一种生活观。第六，绿色发展是人类共同面临的世界课题，这是人类需要认知的一种生态观。新冠疫情也可以看作大自然对人类的惩罚。中国特色社会主义发展道路一定要坚持走绿色发展道路。第七，抗击疫情表明，各国需要强有力的政府，这是人类需要认知的政治观。这次疫情说明人类需要强有力的整合。第八，经济全球化可能会产生新的形式——互联网上的全球化，这是人类需要认知的全球观。现在一种非接触经济，数字对人的影响会越来越大，互联网的数字技术会对人类产生更大的一种影响。世界科技革命和人类的发展的三种关系，18 世纪人类第一次科技革命，即英国的工业革命，其标志性的发明是蒸汽机，于是给人类留下一张交通网。19 世纪欧洲科技革命的标志性发明是发电机，给人类留下了电力网。20 世纪美国发起的第三次科技革命，先是发明了电子计算机，后来出现了网络，给人类留下了互联网，人类今后的发展还得仰仗交通网、电力网、互联网。所以要像重视交通网、电力网一样重视互联网。我们的第四次科技革命可能也会留下第四张网——物联网。物联网的万物互联，有助于实现中华民族的伟大复兴，利用物联网，中国文化、中华文化一定会更加广泛地影响世界格局，影响推动世界发展。

三、深刻认识走进新的百年奋斗目标中文化的重要地位和作用

党的十九届五中全会提出了新时代的文化建设任务，即繁荣发展文化事业和文化产业，提高国家文化软实力。要坚持马克思主义在意识形态领域的指导地位，坚定文化自信，坚持以社会主义核心价值观引领文化建设，加强社会主义精神文明建设，围绕“举旗帜、聚民心、育新人、兴文化、展形象”的使命任务，促进满足人民文化需求和增强人民精神力量相统一，推进社会主义文化强国建设。举旗帜，要特别注意思想理论的旗帜。聚民心，要通过意识形态工作把老百姓凝聚起来，让数量成为力量。育新人，必须立德树人。展形象，是全面展示中国特色社会主义制度优越性的重要窗口。

浙江省委十四届八次全会提出了新时代文化浙江工程，以加快推动文化大发展、大繁荣。习近平总书记在浙江工作时，一是总结了红船精神，这是中国共产党的百年精神。二是总结了大陈岛的垦荒精神，这是中华人民共和国 70 年的精神。三是总结了与时俱进的浙江精神，这是改革开放 40 年的精神。习总书记总结的浙江精神是一个精神体系，浙江具有红船精神的红色文化，具有优秀的传统文化，具有创新文化和以数字经济为支撑的数字文化。全面谋划浙江文化“十四五”发展规划。我们要充分认识到几个背景，一是我们是在习近平总书记对浙江提出要努力成为新时代全面展示中国特色社会主义制度优越性的重要窗口的背景下规划新的五年文化发展规划问题的，所以浙江的同志在今后工作中一定要有世界眼光和国际视野。二是要在全面实现小康社会的基础之上规划文化发展。浙江的小康社会是高水平的小康，更是精神文化上的小康。三是我们制定的是走进新时代第一个文化发展的规划，要充分体现新时代对文化发展的新要求。四是应在新冠疫情国内外大背景下规划文化发展，要充分认识这场疫情在文化发展上带来的挑战与机遇。五是在文化建设取得重大成就，文化的地位和作用进一步突显的时期要认真规划文化发展问题。六是在国家和浙江一系列重大战略部署的背景下规划文化发展，这些战略中大都有与文化发展相关的问题。“十四五”浙江文化发展规划应该有六个鲜明的特征。一是国际性，浙江一定要成为世界了解中国的重要窗口。二是创新性，要坚持守正创新

的发展理念与原则。三是特色性，要更具浙江特色，具有浓郁的浙江特色才能具有强烈的中国气派。四是时代性，要具有强烈的新时代烙印。五是融合性，文化与各方面要融合发展。六是普惠性，要让人民群众享受更加广泛便捷的文化服务。

四、强化教育，培养有文化品位的人

学校要以文化人，要把习近平总书记提出来的立德树人这个根本任务落到实处。

第一，提高境界，做有理想信念的人。解决已知世界的问题要靠知识来解决，探索未知世界的信念，让我们不断地走向未知世界。信念的最高层次是信仰，信仰的主要内容是“为了谁依靠谁”。目标化信仰便可称为理想，如把共产主义的信仰与当下我国的发展阶段相结合就变成了理想。做人一般有四个层次：①做能自立的人，你有份职业能养活自己，这是最低层次的。②做有情义的人，别人帮助你，你也帮助别人，要有感恩思想，要孝敬父母。③做有道德的人，你帮助熟悉的人是有情义，你帮助陌生人是有道德。雷锋帮的都是陌生人，这是帮助人的最高境界。④做有信仰的人，要帮助国家和民族做事，这是人生的最高境界。

第二，刻苦学习，做境界高尚的人。学习有四个层次，最低层次是学知识，第二层次是学方法，第三个层次是学眼界，最高层次是学境界。在不同的教育阶段，要解决不同的学习问题，小学要解决学习态度问题，让孩子养成良好的学习习惯。中学要解决学习方法，中学生的竞争是学习方法的竞争。大学要解决学习精神问题，要培养学生孜孜以求、刻苦专业、打破砂锅问到底、问题导向、创新创造精神。研究生要解决学习的境界问题。

第三，强化责任，做用心做事的人。我认为人做事可以分为四类，一是用混做事的人，二是用力做事的人，三是用脑做事的人，四是用心做事的人，这是最高境界。我们做事情时，不仅要知道自己的职责，还要知道自己的使命，知道职责是合格干部，知道使命才是优秀干部。一要知道做什么。二要知道为什么。三要知道做正确的事。四要知道接受现状，更要知道调整现状。五要知道处理问题，更要知道创新优化。六要知道规避风险，更要知道承担风险。

第四，自觉修为，做智慧双修的人。学校要培养有智慧的人，要教育学生做事的本领方法（智），培养学生做人的品行（慧）。我们现在太重视“智”，而忽视了“慧”。学校的专业课要解决“智”的问题，思想政治课和校园文化要解决“慧”的问题。思想政治课一是培养学生的理想信念的课程，二是培养学生立场、观点、方法的课程，三是培养学生眼界的课程，四是培养学生人民情怀的课程。思政课之所以这么重要是因为它要解决的问题比专业课更基础、更全面。

第五，弘扬传统，做有深厚内涵的人。中华民族有很多优秀的传统精神，如天下兴亡，匹夫有责的担当精神；勤劳勇敢，艰苦奋斗的民族精神；乐群贵和，孝慈友恭的传统美德；崇尚志向，注重道德的人生品格。新时代的“家国情怀”是从个人到家庭，再到全人类，形成了一条人生境界的升华阶梯。人的家国情怀有四个境界，一是唯我，指无家无国，精致的利己主义。二是小我，指有家无国。三是大我，指有国有家。四叫无我，指国比家重。2019 年的 3 月，习总书记到意大利访问时提到：“这么大一个国家，责任非常重、工作非常艰巨。我将无我，不负人民。我愿意做一个‘无我’的状态，为中国的发展奉献自己。”“无我”是人生奉献的最高境界。

五、推进文化校园建设，打造最能熏陶人的环境

校园文化对学生的影响是非常大的。一个学生在学校里 70% 左右的知识是从教师和课堂里学的，15% 左右的知识是和同学互帮互学的，15% 左右的知识是在学校校园文化熏陶中学到的。学校的校园文化，一是可移动的文化，如校训校歌、办学理念、教学方法、教育体系、课程体系、教材体系。二是不可移动的文化，校园、建筑、纪念物等。为此，我们要建设校园文化与文化校园两个方面。重建学校的记忆是当下的重大课题。

（1）建设纪念系统，重建学生的记忆。学校的记忆是集体记忆，这种记忆构成学生和教师对学校的一种共同认同感，它具有文化多元、母校认同、心理安慰、心灵进化的功能。学校在某种程度上是依靠这种记忆而延续的，它使学校在形成、变迁、发展的过程中，也存续了学校的文化与个性。重建学生记忆是当下学校建设的重大课题。

（2）建设展陈系统，彰显学校的特色。我们经常用雕塑来提升学校的文化氛围。雕塑可以传达学校的价值观，彰显学校的艺术个性，激励人们热爱学校与生活。

（3）打造有学校特色的细节。要充分挖掘学校的文化符号，显现学校的特色。可以在学校的中心位置设立一座独特的雕像，创造我们学校的文化。

（4）建设指示系统，传达文化的力量。让学校的每个细节都传达文化的信息，要高度重视学校楼名、路名、广场名的选用。

（5）建设激励系统，发挥其教化功能。如由学生来写人生格言小道，让学生有自豪感，毕业后也为学生继续保留。开辟杰出校友墙，可以包括校友风采、校友手印脚印等。

（6）建设交流系统，方便师生的沟通与交流。浙江大学在 120 年校庆后就建了 28 个咖啡店，这些咖啡店增加了教师与学生的交流、学生与学生交流，打造了一种交流空间。

（7）形成良好的校风。校风是学校各种风气的总和，是学校在办学过程中长期积淀而成的具有行为和道德意义的风气，是在校内乃至社会上具有极大影响并被普遍认可的思想和行为风尚。

人创造环境，环境也在创造人，在良好的学风的环境，学生的思想、品质、价值、理念、行为、方式、意志、情感等都会受到较好的影响，这种影响甚至会持续一辈子。作为学校的精神的校训，可以做成代言卡通形象发放给学生。纺织和服装这两个专业的学生都可以做出很漂亮的卡通形象，学生的文化节、读书节、朗诵节等活动上作为小奖励发放给学生。学校的 LOGO 的设计、学校的卡通形象，要充分体现纺织、服装飘逸、柔和的性格。

铭记先烈，做自己的英雄

裘是，男，浙江宁波市奉化区委党校教师，裘古怀烈士侄孙。

在浙江革命烈士纪念馆入口处有共产党员裘古怀留给党的遗言：同志们，胜利的时候，请你们不要忘记我们！这位为真理而献身的英雄，生命最终被定格在25岁。裘古怀，1905年出生，1930年8月27日牺牲，是宁波早期学生领袖之一，奉化三大著名英烈之一，宁波地区唯一同时参加过北伐战争和南昌起义的革命者。曾被习近平总书记5次点赞、多次提及的文章《信仰的味道》里，就写到了裘古怀烈士的英勇事迹。

今天我们从裘古怀和四师的故事、裘古怀从军的故事、裘古怀和陆军监狱的故事、裘古怀“叛徒”疑云、时代的追随和传承五个部分，通过一张张珍贵的照片和照片背后的故事，生动再现裘古怀烈士光辉的一生，以此激励新一代青年学子坚定理想信仰，对标时代使命，将爱国热忱投入到努力奋斗中。

回顾往昔，裘古怀以其短暂的生命践行了“活着一天，就要奋斗一天”的誓言。1905年2月，裘古怀出生在奉化松岙镇大埠村。16岁时，他以第一名的成绩考上当时宁波的最高学府——浙江省立第四师范学校。在读书期间，裘古怀就开始接受马克思列宁主义，并确立了共产主义信仰。1925年11月，裘古怀怀揣50元钱，投笔从戎到广东，考入黄埔军校第四期政治科，次年加入中国共产党。从此，他的生命开始了新的篇章。在成为北伐军的一员后，裘古怀先后参加了贺胜桥、汀泗桥和攻占武昌城的三大战役，之后又参加了震惊中外的八一南昌起义。在战斗中，他身先士卒，骁勇善战，冒着敌人的枪林弹雨，带头攻城，被誉为“虎胆英雄”。从那时起，他便对革命充满必胜的信心，革命意志越来越坚强。南昌起义后，裘古怀随部队南下，在经过潮汕地区的时候不幸负伤。待他苏醒过来时，已找不到自己的部队。他忍着腿部疾痛，爬到甘蔗地里隐蔽了三四天。幸而，他遇到了当地农民，得以救治。之后在宁波同乡会的帮助下，裘古怀辗转回到宁波，奔走在宁波、奉化、萧山、金华等地，为革命运动训练军事干部。1929年1月16日深夜，时任共青团浙江省委代理书记的裘古怀因为叛徒的出卖，在住宿的杭州清泰门豫安旅馆11号房间被捕，之后被关押在浙江陆军监狱甲监。

从被捕到就义，裘古怀在狱中度过了1年零7个月。在这期间，他领导狱友绝食抗争，当面揭穿国民党残害共产党员的罪行，即便双脚被铸上了重镣，多次遭受军棍军鞭毒打，裘古怀也从未屈服，被称为“硬骨头”。

在死气沉沉的狱中，他虽身陷囹圄，但对革命事业仍充满必胜的信念，在狱中展开了不屈不挠的斗争，他参与并领导了狱中斗争，成立地下党组织，始终走在斗争前列。1930 年春，为了壮大狱中的斗争力量，地下党组织开展了一次“发折子”斗争。所谓“折子”，是囚徒入狱时狱方将每个人身上的钱抄出而发给囚徒作为收据的一个本子。在“发折子”斗争中，裘古怀站了出来：“难道我们用自己的钱买点牙刷牙粉也有罪？”随后，他们又把裘古怀吊在操场边的木桩上，两条藤鞭像毒蛇一样呼啸着撕咬裘古怀的躯体。受刑后的裘古怀在地铺上整整躺了 5 天。他觉得很值得，不仅因为“发折子”斗争取得了胜利，还因为他感受到了与敌人搏斗的愉悦。裘古怀在担任地下党组织的宣传委员时，编写识字课本，帮助狱友提高认识和文化程度。裘古怀等人在监狱中办了两种刊物：《火花》和《洋铁碗》，前者是给党内人士看的，后者是给文化程度较低的人看的。这两种刊物开创了我党在狱中办报刊的先河，比《挺进报》还早了十多年。当时还有一种“盆报”，人们把字写在瓷盆上，等瓷盆上的内容被传递阅读之后，用手一抹就没了，不会被发现。在监狱中，他们一次又一次与敌人展开斗争。1929 年 12 月 11 日，广州起义两周年纪念日，中午 12 点整，裘古怀发动狱友齐呼口号，高唱国际歌。1930 年 8 月 27 日，国民党反动派在陆军监狱开始了大屠杀，裘古怀看到狱友相继被带走，预感到自己即将被害，匆忙间他伏在地上写下了给党的遗书。当日，临行前，他豪壮地对战友们说：“同志们，永别了！希望你们踏着我们的血迹继续前进！”牺牲时，裘古怀年仅 25 岁。

裘古怀在狱中共写了三封信，一封是写给党的《信仰的力量》，一封是写给妻子的《共产党员是杀不完的》，另一封是写给大哥的家书。其中最广为传播的当属写给党的遗书《信仰的力量》。他在信中写道，“伟大的中国共产党和全体亲爱的同志们：当我在写这封信的时候。国民党匪徒正在秘密疯狂地屠杀着我们的同志。被判重刑的或无期徒刑的同志，差不多全被迫害了！几分钟以后，我也会遭到同样的被迫害的命运。伟大的党，亲爱的同志们，我非常感激你们。由于党给我的教育，使我认识了这社会的黑暗，使我认识了革命，使我成为一名有生命的人。现在在这最后的一刹那，我向伟大的党和你们致以最高的敬礼！我满意我为真理而死！遗憾的是自己过去工作做得太少，想补做多一点已经来不及了。在监狱里，看到每一个同志在就义时都没有任何一点惧怕，他们差不多都是像去完成工作一样跨出牢笼的，他们没有玷辱过我们伟大的党和光荣的党。现在我还未死，我要道出我心中最后的几句话，这就是希望党要百倍地扩大工农红军，血的经验证明，没有强大的武装，妄想革命成功，实在是不可能的。同志们，壮大我们的革命武装力量争取胜利吧！胜利的时候，请你们不要忘记我们！

“胜利的时候，请你们不要忘记我们。”这是裘古怀给党留下的临终嘱托，如今这句话被铭刻在浙江革命烈士纪念馆。裘古怀的这封遗书，体现了一名共产主义战士为了党的伟大事业不畏牺牲的崇高精神，他用最朴实的语言和年轻的生命践行了自己入党时的铮铮誓言。裘古怀在给大哥的信中，叮嘱大哥要瞒着母亲。从裘古怀 1927 年最后一次离家，在之后长达 20 余年里，裘古怀的母亲都没有等到自己的小儿子，她时常在村口喊裘古怀的小名：永良。直到 1949 年，奉化解放后，当地政府敲锣打鼓的送来了一块匾额，上面写着“光荣门第”4 个字。裘古怀的母亲才知道小儿子牺牲了，在得知这个消息后不到一个月，裘古怀的母亲便去世了。

裘古怀在给妻子的信中说：“共产党员是杀不完的，将来一定会有人替我报仇！”他告诉妻子，应当重建家庭，找一个情投意合的正派人。信写完后不久，他就被敌人带出监狱去行刑，当时他神态自若，毫无畏惧，高呼“中国共产党万岁！”这位为真理而献身的英雄，生命最终被定格在 25 岁。裘古怀牺牲后，被认定为烈士的过程也经历了一番波折。由于认定材料的缺失，裘古怀几次排列烈士名单，都被红笔划去。后来在故乡几位年青的党史工作者的不懈努力下，终于又发现了一些重要的证据，还原了裘古怀在被捕时候的珍贵史实，裘古怀最终被评为烈士。

1991 年 9 月，浙江革命烈士纪念馆建成开放，馆内陈列了裘古怀等 18 位烈士的遗物，设置了讲述这些烈士事迹的专区，并塑造了 18 位烈士英勇斗争的群雕。2002 年，浙江革命烈士纪念馆的导碑铭刻了裘古怀留下的遗言：“同志们，胜利的时候，请你们不要忘记我们。”裘古怀烈士在生命的最后一刻留下的这句话正是建设革命纪念馆的意义所在。裘呈曾说“正是因为裘古怀坚持信仰、恪尽职守、为国家贡献自己力量的决心，才能在许久之后仍被人铭记、传颂。”裘古怀烈士的事迹曾在中央电视台相关频道两次播出。2019 年 4 月 3 日，中央电视台新闻频道播出的“家国清明”专题节目报道了 3 位革命先烈的事迹和他们的家国情怀，其中一位就是裘古怀烈士。2019 年 4 月 5 日，中央电视台《晚间新闻》用了一分多钟的时间，以专题的形式介绍了裘古怀烈士的事迹。中央电视台的连续报道播出后，引起了强烈反响，激发了人们重读烈士家书、感受红色记忆的热情。此外，在江西卫视献礼新中国成立七十周年推出的《跨越时空的回信》节目中，裘古怀烈士的红色书信也被搬上荧幕，裘古怀侄孙裘是为其撰写的跨越时空的回信，引发无数人落泪。

工匠精神，变“不可能”为“可能”

竺士杰，男，1980 年 3 月生，中共党员，浙江省第十四次党代会代表、浙江省总工会兼职副主席、浙江省团省委委员、宁波舟山港集团首席技师，享受国务院政府特殊津贴。先后荣获全国劳动模范、全国道德模范、全国五一劳动奖章、全国技术能手、大国工匠等荣誉。他致力于桥吊操作法的创新提炼、升级、推广工作，2020 年 4 月，《竺士杰工作法——桥吊操作基本方法与实际应用》已由工人出版社出版并向全国发行。

我叫竺士杰，出生于1980年，是宁波北仑第三集装箱码头有限公司桥吊班大班长，高级技师。我毕业于宁波港职业技工学校（现宁波职业技术学院）港口机械专业，之后进入宁波港集团工作，成为一名龙门吊司机。我每天工作的场所看似狭小，但我坐在上面时就会感到很有自信，我的工作是在高空中做穿针引线的工作，今天我的演讲题目是《工匠精神 变“不可能”为“可能”》，为什么要取这个题目呢，因为在我接下来的讲述中会提到很多对我来讲是把“不可能”变为“可能”的事情。

我是一个80后，家住宁波三江口的边上，从小是听着码头上的轮船的汽笛声和看着大吊车成长起来的，所以小的时候我便对这种大型的机械有一种天然的好奇感，我的梦想就是成为大卡车的司机。但是第一个“不可能”是我小的时候患有限量体肥大，导致我晚上睡觉的时候会缺氧，所以我读书的时候尤其是小学阶段学习成绩非常糟糕，受到了别人的嫌弃，我是在别人家孩子的阴影下成长起来的。但是今天来到浙江纺织服装职业技术学院我是特别有感情的，因为我小的时候唯一能让我觉得自豪，能让我找到优等生的快乐的科目就是体育课。我记得我六年级的时候就是来这所学校参加了趣味运动会，当时我拿了铅球的第一名，当时的我只有在体育运动上才能找到自信。我读书的时候需要背诵的科目对我来说就是灾难。于是，我就在初中毕业后去考了技校，很幸运，我考上了宁波港技工学校，也就是我后来工作的单位承办的学校，它专门培养港机驾驶人员，我的职业就是港机驾驶。来到这个学校以后，我特别珍惜这次的学习机会，也很有兴趣去学这项技能，但当时作为技校生的我呢还是很自卑的。记得在上学的第一堂课上，语文老师给我们讲课，她一上来就和我们讲人在社会上可以分为栋梁和烧火棍，栋梁是指那些考了名牌大学，今后会做社会栋梁之才的人才，在技校的你们就是烧火棍。栋梁有栋梁的用处，烧火棍也有烧火棍的用处，用对了用好了都能为社会做出自己的贡献。老师的比喻非常接地气，当时我听了以后就被老师这种比喻感染了，我成不了栋梁，那便做一个好用的烧火棍，我把技能学好，照样能成为有用的人。由于我在学校学技术时非常用心，学得很好，之后便以50%的优等生的成绩进入到了工作中，开始操作这种大型的龙门吊设备，所以我第一部分就跟大家讲一下我是怎么练技能、技术的。

大家有时在马路上看到的大集装箱卡车一般都认为个巨无霸，以为是最大的卡车，但是到了港区以后，跟我们的吊机相比就差太多了。我的师傅告诉我我们开着吊机作业可以叫作在高空中穿针引线，为什么这么说呢？刚才在视频里有介绍，我们工作的时候要把集装箱吊起来，吊机的锁头跟拳头差不多一样大。我大概被安排了六个月的学习内容，因为我有兴趣，我爱这份工作，也珍惜这份工作，所以我学得很卖力，本应该六个月的学习时间，我三个月就学会了。学会以后，我就成了师傅的得力助手。在龙门吊班工作了两年多之后，我在这个岗位上成长起来，已经成为一个可以带徒弟的师傅了。当我抬头望向码头时，看到的就是这个桥吊。在我们码头能够操作桥吊的人，可以说是空军驾驶员级别一样的人，非常受大家推崇。我们有一个调侃的话，说开桥吊的人，像是开着千万的豪车做进出口生意，坐的是 3 万块钱一码的真皮沙发。当时大家都对工作室有一种好奇感，我也一样。让我羡慕的是如果成为了一名优秀的桥吊司机，整个公司上至领导下至员工，都对这位优秀的桥吊司机非常尊敬、非常认可，因为码头的作业效率几乎是桥吊决定的，船要准时启航，必须靠桥吊司机去高效地完成作业。于是我就一边开着龙门吊，一边去向领导申请开桥吊，当时的领导没有一口答应，说是有机会便会给我安排。我非常感恩我们这个伟大的时代给了我这个机会。2000 年，我国加入世界贸易组织，外贸开始大发展，宁波港的集装箱货物也开始大量增加。于是，码头需要大量的桥吊司机，我的请求很快得到了回应，说可以去报名开桥吊了，经过公司的选拔，我成为了一名桥吊司机。那个时候我是义无反顾，第一时间去报的名。身边的龙门吊班的同事，包括我的师傅都对我说，让我慎重考虑考虑，因为桥吊非常难学，再说已经是龙门吊班的老司机的级别了，收入非常高。1999 年的时候我就一个月已经能够赚到 4000 多块钱的工资了。但学桥吊又要从徒弟开始学。但是那个时候的我，信念非常坚定，我要趁年轻多学技能，有这样的机会，我一定要紧紧抓住，哪怕是从零开始，从头开始。于是我来到了桥吊班，第一次跟师傅上吊机。这个吊机是非常高，有 49 米，要坐着电梯上去，从电梯上面往下看，下面码头的龙门吊变得很矮很小，像玩具车一样，集装箱像多米诺骨牌垒起来的长城，非常袖珍。当我坐在龙门吊的椅子上，低头往下看时，看到下面要装运的集装箱变得非常小，而我的工作是要把集装箱抓起来，还要控制住吊具的摆动，在操作过程中还会受到海风等的影响。我第一次上机时，师傅因为觉得我是龙门吊的高手，想挫挫我的锐气，说桥吊的操作跟龙门吊的操作原理是一样的，这些按钮的功能名是什么，跟我讲了一下后，就让我尝试着去吊第一个箱子。我信心满满地用龙门吊的方法去操作，整整八分钟过去了，底下的集装箱始终在那里晃，我额头上的汗都滴下来了，就是抓不住集装箱。我只能要求师傅帮我完成。结果师傅坐在那里，行云流水般地不到一分多钟就把集装箱稳稳地放到船上去了。我自己体验过后，才觉得桥吊不容易，不像龙门吊这么容易操作，用龙门吊的方法根本行不通，但是师傅能做到的，我想只要我努力学习，有一天也能成为像师傅一样厉害的操作司机。我非常注重学习的方法，下定决心要把桥吊学好。我们的桥吊班对于优秀的桥吊司机，都有一个响亮的绰号，如“大侠”和“半仙”，以表示他们的操作技能非常厉害。还有叫“姜太公”的，指吊得很慢。我当时白天跟师傅学，中班的时间会去跟“半仙”和“大侠”学。研究他们的操作为什么这么快，为什么这么厉害。然后我还会找“姜太公”学，研究他们的操作为什么不如大侠和半仙，他们的操作问题在哪里。我这样做的好处是我可以少走弯路，规避掉这些错误的方法，以便快速地学会桥吊。我用三个月的时间考取了桥吊证。当时的码头，桥吊有阿根廷生产的，日本生产的，德国生产的，还有我们国家自己刚刚生产的振华桥吊，有八种性能，我们把它称为八国联军。之后我被安排到德国制造的一个桥吊上去独立完成工作。那一天非常值得回忆，在 1999 年的 10 月 1 日国庆节的晚上，从 4 点到 12 点，我要完成 180 个集装箱的小船作业，但 8 个小时的时间我只完成了 130 个箱的作业。当时跟我搭班的同事就给我取了一个绰号，说新一代姜太公就要诞生了，当时我深受打击，非常难受。于是我向“半仙”班长请教如何快速地去提高技能，他给我的建议是从哪里跌倒，就从哪里站起来。于是，我专门去找那种破损的、大家不愿意干的活来操练自己。2001 年以后，由于欧洲航线的调整，公司必须高质量地完成装卸作业，专门成立了突击队。而我没有资格进到这个队，这便成为我的下一个目标。之后在公司招募第二批桥吊司机时，我非常光荣地成为了第二批突击队中最年轻的队员。

接下来，我跟大家介绍我在工作中是怎么勤于思考、挑战创新的。进入突击队后我被分配在其中的一台桥吊，跟最优秀的桥吊司机们一起完成欧洲航线的抢先装卸工作。在这个优秀的团队里，每一班作业完成后我们都会统计各自的作业量，就像同学们考试一样，看看各自得了多少分，排出来名次。我不想落后，也不想垫底，为了成为跟大家一样优秀的桥吊司机，我很努力地学习、工作。随着对工作越来越熟悉，我的疑问也越来越多。怎样才能更稳更快？怎样去快速地适应不同性能的桥吊的操作？我的脑子里就一直在想这些事情，那段时间我像着了魔一样，眼前总是看到吊具在摆动，看到闹钟的钟锤，脑子里也在想怎么去稳定这个摆动。由于我的师傅们是从门机转行过来的，对这种新式的桥吊，只是学习了教科书上写的技术、技能、方法，对桥吊的理解也不是很全面，因为涉及一些很专业的东西。

有一天，我突然想到钟摆的原理，钟摆在回摆的过程中会飞过垂直点。如果伴随着钟摆在回返的过程中恰好在垂直点出现的时候，把吊机停下来，便找到了一种稳定的方法。于是我想到了求助老师，我向技校的物理老师提出我的想法，即用钟摆原理去控制桥吊的摆动。老师在图画了之后跟我分析说钟摆原理是可以运用进去的，我要解决的是步骤的问题，即怎么用不同的步骤在不同的场景运用这个理论。有了老师这个肯定的答复以后，我的信心就更足了，于是在两年左右的时间里，我一步一步把这种操作方法摸索出来，证实了这种方法确实被用于桥吊作业。当然，在这个过程中我吃了很多苦，如手上磨出了血泡等。当我涅槃重生，运用新的方法以后，我的操作技能迅速得到了公司领导的肯定，在每个月的排行榜中我很容易就进入了"龙虎榜"（我们公司的龙虎榜指排名前十的桥吊司机）。那时开始大家又给我起了一个新的绰号，叫"救火队队长"，所谓的"救火队队长"就是急难险重的一些工作领导都会让我去完成。

2006 年，我开始带徒弟了，同时要承担一些平常写作，我的工作也发生了一些变化，主要是教徒弟和承担急难险重的任务。第一个极难险重任务是 2006 年的抢险成功，由于在黄海海域发生碰撞，我承担了两个海水进到船舱里的抢卸工作，需要在最快的时间里把集装箱卸下，解除这条船的重大的隐患。在我卸完以后，外国船长就对我们中国工人非常的敬佩，竖着大拇指对我们讲"你们是好样的，你们最棒"。后来宁波市总工会为我们技术工人搭建平台，让我们有展示技能的机会，于是公司就派我和我的徒弟去参加宁波市的比武，我获得了第一名，我徒弟获得了第二名，与第三名的成绩拉得非常远，当时领导非常开心，觉得我这个操作肯定是有特点的。2006 年，我们港口的全国劳动模范许振超在媒体中宣传他的操作方法，我被劳动模范的精神给吸引了。我想只要把操作方法总结好，推广好，我就能够成为一个像劳动模范一样厉害的人。同年，我被公司提拔为桥二班的班长，管理 20 多个桥吊司机，人多了之后我便不能再手把手带徒弟了。于是，从小讨厌写文章的我开始提起笔去写文章，把我的操作方法一步一步地记录下来，对自己十多年的创新方法做了一个总结，目的是在这个岗位上留下一点自己的东西并跟大家一起交流分享。我的人生也一直在发生变化。我从一个一线班的操作手柄的操作司机成为了班长，后来又成为了大班长，还开了大会，命名了竺士杰桥吊操作法。2007 年，我获得了浙江省十大技能状元的金锤奖，从省长手中得到奖杯，还奖给我 10 万块人民币。2008 年，我在参加团十六大的时受到了时任总书记胡锦涛的推荐，在中南海怀仁堂做了 5 分钟的发言汇报。当年 5 月 1 日，时任总理温家宝来我们码头，跟我们工人共度五一，我被推荐坐到总理的边上，跟温总理一起吃饭，聊了长达 40 分钟，期间还聊到了我的操作法，总理非常重视，吩咐身边的省长说，要重视一线工人的小创造、小发明。后来我又成为了省政协委员，并很光荣地成为了 2008 年的奥运火炬手。2009 年我获得了全国劳动模范。当年我 29 岁，觉得有种难以抑制的兴奋，但同时自己内心压力非常大。我想我的荣誉是来自操作法，来自于推广操作法，所以我要继续在这个岗位上去深耕我的工作。因此但凡码头有新的设备引进的时候，我都是带头操作，去找到新设备的操作方法，把它总结出来，把原来 8000 多次的方法升级为 2 万种，配上了图片，使操做法得到了升级，增加了新的生产工艺，将双吊具、双简单桥吊等一些新的工艺，都充实到了新的操作当中。我尝试去做 3D 动漫，去拍视频，不断升级我的操作方法，并在全国发行。我一步一步地挑战不可能的工作，从一个学习比较糟糕的孩子成为了一个出书的技术工人，这对我来讲是完成了一个非常大的“不可能”。

接下来要跟大家介绍的就是我们挑战“不可能”的一个经历。中央电视台新闻中心推出一个用吊机来做挑战“不可能”的节目，并向很多港口发出邀请函，邀请函到了我们港口，工会主席觉得我们应该去做这个事情，我们要把它接下来，要去完成这个挑战。最后我们确定利用控制摆动的能力去完成一次挑战。后来由于方案调整，留给我的练习时间只有四个小时，时间是晚上的 6 点到 10 点，我一上手操作，之前是第三个框子没打进去过，这次连第二个框都打不到了。我见到导演后说的第一句话是：你们能不能不拍了，这个挑战肯定不能完成。导演说："你这个项目非常有视觉冲击力，哪怕没有成功我们也会播出去。"但我听着就很难受。我是宁波舟山港最优秀的桥吊工人，是全国劳动模范，上中央电视台这么大的平台挑战"不可能"，要是失败了全国观众都能看到我的失败，所以我的心理压力很大。那天晚上我彻夜难眠，脑子又开始想要怎么去破局，怎么去解决这个问题。第二天早上 5 点多钟我就起来了，跟我们的技术员商量，这个问题好像是速度造成的，速度不够，我们就加速，将速度提高 10%，达到 270 米每分钟，这就增加了摆动幅度。最后我成功了，我感恩这个团队不计成本地去信任我的操作技能。视频播出以后在社会上引起了剧烈的反响。

最后，我把我最喜欢的一句话送给大家："初心如磐，一生一世，匠心筑梦，变不可能为可能"。

问：竺老师，我想问一下，您觉得现在大学生就业问题应该偏向于兴趣爱好还是社会需求?

答：兴趣是最好的老师，我们国家的快速发展，社会的需求，国家的科技产业需要更多的技术人才去加入这样的团队当中。以我从事的码头的工作来讲，我们现在是一流技术，一流设施，一流服务的非常先进的工作。所以作为年轻的大学生，按照自己的兴趣爱好，奔向国家需要的地方去奉献自己的青春和力量，这是最好的职业导向。

问：竺老师，我想问一下，从事技术工作的年轻人越来越少，大家更愿意通过考试改变自己的命运，很多年轻人不愿意从工厂学徒做起，因此工匠精神难以落到实处，不知道您怎么想的呢?

答：工匠精神不仅指技术工人，其实在座的同学们依然是需要工匠精神的鼓舞的，在学习中也需要坚持这种精益求精、突破创新的学习精神。所以刚刚这位同学提到的通过考试改变命运当然是一个好的选项，但是不管是技术工人也好，还是做任何工作，我觉得都要用技术工人精益求精这种精神去引领自己的职业规划，当然，我觉得如果同学们能成为我在开篇说的国家栋梁当然是最好的，但我特别希望不要去贬低技术工人的岗位，不要认为技术工人岗位脏、乱、差，没有出头之日。我今天站在这里，跟大家说这些就是很好的例子。我就是从最底层的技术工人干起的，现在国家授予我这么高的荣誉，多次受到多位领导的接见，这就证明了做技术工人也是可以成就一番事业的。只要大家能够沉下心来，在自己的领域发光发热，不管是哪一行，都能行行出状元，都能够收获精彩的人生。